LA

PEINE DE MORT

RÉCIT

PAR

JULES SIMON

PARIS

LIBRAIRIE INTERNATIONALE

BOULEVARD MONTMARTRE, 15

A. LACROIX, VERBOECKHOVEN ET Cᵉ

Éditeurs à Bruxelles, à Leipzig, à Livourne

1869

LA

PEINE DE MORT

IMPRIMERIE L. TOINON ET Cᵉ, A SAINT-GERMAIN.

LA

PEINE DE MORT

RÉCIT

PAR

JULES SIMON

PARIS

LIBRAIRIE INTERNATIONALE

BOULEVARD MONTMARTRE, 15

A. LACROIX, VERBOECKHOVEN ET Cᵉ

Éditeurs à Bruxelles, à Leipzig, à Livourne

1869

ENVOI

—

A V. H.

Je ne veux pas mettre votre nom en toutes lettres, parce qu'il est trop grand, et mon cadeau trop petit.

Le titre de ce volume est mon excuse pour vous l'offrir. La peine de mort disparaîtra bientôt de nos Codes; et c'est vous qui l'aurez effacée.

Vous m'avez envoyé, il y a six mois, un Livre. Je vous adresse en échange quelques pages, qui n'ont d'autre mérite que de raconter un fait véritable et d'exprimer des sentiments sincères. Je doutais encore quand je les ai écrites, il y a trente ans. A présent, grâce à vous je ne doute plus, et je vous en remercie.

PRÉFACE

I

Auray, que nous appelons une ville en Bretagne, ne serait qu'un hameau si on la transportait dans les environs de Paris. Elle a de trois à quatre mille habitants. Elle baigne le pied de ses vieilles murailles dans une petite rivière dont les eaux se confondent un peu plus loin avec celles de la mer. Une grande rue mal pavée et bordée de mai-

sons en bois et en terre commence au pont,
et grimpe par une côte escarpée jusqu'à
une place oblongue, sur laquelle s'élève la
mairie, bâtiment assez maussade et presque
moderne, car il ne remonte pas au delà de
la première moitié du xviiᵉ siècle. Quelques
ruelles étroites partent de cette artère
principale, et vont se perdre dans la campagne. Les architectes qui les ont bâties ne
connaissaient pas les règles de la symétrie,
ce qui n'est pas un très-grand malheur. Chaque maison s'en va capricieusement sans se
soucier de sa voisine, avançant, reculant,
montrant son pignon ou sa façade, selon
les accidents du terrain et les limites des
propriétés. Le rez-de-chaussée est le plus
souvent en pierres de taille; mais le premier
étage, qui se prolonge en saillie sur la rue,

se compose de vieilles poutres à peine équarries, peintes d'un rouge sombre, et servant de supports à des barasseaux de paille et de torchis. Des fenêtres irrégulières, garnies de carreaux larges comme la main, des niches avec des statues de plâtre grossièrement enluminées, de naïves enseignes grinçant sur une verge de fer, de longs toits en ardoises surmontés d'une calotte de plomb ou de quelque animal fantastique en fer-blanc, donnent à l'ensemble l'aspect d'une ville du moyen âge qui serait restée sous cloche pendant trois ou quatre siècles. Les habitants ne font rien pour détruire cette illusion. Les paysans qu'on rencontre dans les rues les jours de marché portent de lourds sabots de bois blanc, des guêtres brunes montant jusqu'aux genoux, des

1.

culottes courtes à mille plis, une ceinture de
cuir, un habit brun ou bleu à larges basques
et un chapeau plat dont les immenses bords
laissent à peine apercevoir dans l'ombre
leurs traits' accentués et quelque peu sauvages. Jeunes et vieux ne parlent entre eux
que bas-breton, le français étant considéré
comme une langue savante à l'usage des
messieurs qui ont été à Vannes. Les marchands étalent les objets de leur commerce
jusque dans le milieu de la rue : une pile
de drap sur une table, un baril de lard,
une montagne de savon rouge et noir, de
la mélasse, des chandelles, confondus dans
un pêle-mêle des plus pittoresques, servent
d'appeaux pour affriander les chalands. Si
vous entrez dans la boutique, espèce d'antre
qui ne reçoit de jour que par la porte, et où

l'on arrive en descendant quatre ou cinq
marches de pierre, la maîtresse du logis
vous vendra sur la même table un quarteron
de beurre et deux aunes de ruban : la *spé-*
cialité n'a pas encore pénétré dans la bonne
ville d'Auray. On y compte par livres, sous
et deniers à la mode du vieux temps ; il n'y
a de centimes que pour le percepteur. J'y
achetai étourdiment, en 1833, un almanach
qui se trouva être de l'année du sacre de
Charles X. Je voulus plus tard en faire l'ob-
servation au vendeur ; mais il me répondit
avec beaucoup de sang-froid que j'y trouve-
rais toujours les foires, les marchés et les
pardons. Des almanachs de cette nouveauté,
avec quelques alphabets, des Eucologes et
force livres de prières en bas-breton, for-
maient à cette époque l'assortiment de

l'unique libraire de la ville. C'est pourtant
là que je me suis procuré un livre, presque
introuvable aujourd'hui, le *Supplément à
l'histoire de France*, publié par le P. Lori-
quet en 1816.

Auray est un petit port et fait un commerce de cabotage assez actif avec Vannes,
Lorient et Belle-Ile. Quelques maisons se
sont bâties successivement tout le long du
quai, de manière à former une ville basse
assez peu considérée des gens de la ville
haute, mais plus active et plus au courant
des affaires de ce monde. Entre les deux
villes se dresse encore menaçante une cui-
rasse de pierre, tout armée de ses tours
et de ses créneaux, derrière laquelle s'est
abrité Duguesclin. Ce reste de la puissance
de nos ducs a une solidité et une grandeur

qui contrastent fortement avec les chétives
maisons qui se pressent alentour comme un
timide troupeau. Le temps n'a pas eu de
prise sur ces larges pierres, d'un grain rouge
et puissant, qui défieraient les efforts de
l'artillerie. Sur le haut des tours, à la place
des toits en pointe dont il ne reste plus
de vestiges, d'honnêtes Alrésiens ont bâti de
petites maisons toutes blanches, aux joyeux
contrevents verts. Ils y ont ménagé des jar-
dinets, où s'élèvent des berceaux couverts
de sureaux et d'aubépines. Ces frêles plantes
couronnent les créneaux, s'échappent par
les portes béantes et à demi ruinées, et
pendillent sur les sombres flancs du géant
de granit. C'est le soir qu'il fait bon re-
monter la mer jusqu'à l'embouchure de la
petite rivière qui porte le même nom que

la ville. Tout est silencieux comme en
rase campagne ; les grands pans de muraille
se détachent crûment sur le ciel, entourés
d'un inextricable fouillis de petites maisons,
d'arbres verts et de clochers pointus. Les
chasse-marée, immobiles, projettent sur
l'eau leurs ombres noires, et l'on entend
les mille ruisseaux de la rivière bruire dou
cement sur les galets de la grève en se dé-
chargeant dans le golfe.

———

II

Je m'étais retiré là vers la fin de 1833, à une époque où je cherchais encore ma voie à travers le vaste monde, attiré vers Paris par la passion de l'étude, retenu dans ce coin par l'amour du sol natal et les chers souvenirs de l'enfance. Si j'ajoute que j'y vivais chez le recteur de Notre-Dame, et dans l'intimité des chouans les plus déterminés, il ne faudra pas qu'on me prenne pour un dévot ni pour un légitimiste : quoique je ne fusse alors qu'un enfant, je n'avais presque plus de droits au premier de ces titres, et je n'en ai jamais eu au se-

cond. L'abbé Moisan avait pour mon père
une amitié passionnée; je crois même qu'il
lui avait dû la vie sous la première république. J'avais pris l'habitude, pendant que je
faisais mes études au collége de Vannes, de
passer une partie de mes vacances au presbytère d'Auray, et je m'y regardais comme
chez moi. J'y avais ma chambre, qu'on ne
donnait jamais aux vicaires des environs,
quand ils venaient par bandes de cinq ou
six, selon la coutume du clergé breton, demander l'hospitalité au recteur. La vieille
Annah, servante ou maîtresse du logis, qui
passait pour assez revêche, m'avait pris en
gré à l'exemple de son maître, et me traitait comme l'enfant de la maison.

L'abbé Moisan avait alors soixante-dix
ans. C'était un grand homme d'une mai-

greur surprenante, avec une grosse tête et
de grosses mains, droit comme un I malgré
son âge, et marchant comme un grenadier.
Quand il se promenait le soir avec moi dans
son jardin, nu-tête, en manches de che-
mise, et fumant gaillardement sa pipe,
vous l'auriez plutôt pris pour un soldat que
pour un prêtre. Il avait pourtant été or-
donné diacre à vingt et un ans ; mais sa vie
ne s'était pas passée uniquement à confesser
et à dire la messe. Il était resté en France
sous la Terreur, déguisé en garçon de
ferme, conduisant la charrue, fauchant les
foins, pansant les chevaux, et passant à
juste titre pour un valet de premier ordre.
Le soir venu, il sortait par la fenêtre du
grenier à foin, et courait toute la nuit pour
exhorter et confesser les paysans. Dès qu'il

y eut des bandes de chouans, il en fit partie, comme aumônier bien entendu. Les
bleus disaient qu'il avait fait le coup de
fusil avec Cadoudal et Guillemot, ce qui
était de la dernière fausseté ; mais je jurerais bien qu'il en fut tenté plus d'une fois.
C'est lui qui portait les messages d'une
troupe à l'autre, en prenant mille déguise-
ments et en courant mille dangers. Tout
enfant, j'ai été bercé avec le récit des aventures de l'abbé Moisan, aventures vraiment
merveilleuses, si le quart de ce qu'on en
disait était vrai. Quand Bonaparte rétablit
officiellement le culte, en donnant à plusieurs évêques constitutionnels, avec l'as-
sentiment du pape, les diocèses qu'ils
avaient usurpés et dont les titulaires étaient
encore vivants, il se forma en divers pays,

sous le nom de *petite église*, une congréga-
tion de fidèles, qui voulait être, et était probablement plus catholique que le pape,
puisqu'elle refusa de se soumettre à des
évêques élus par la révolution et réhabilités
par l'empire. L'abbé Moisan fut de cette
petite église, et continua, à ce titre, d'être
persécuté quand le clergé catholique ne
l'était plus. Il y avait vingt-deux ans qu'il
vivait de la vie d'un proscrit, quand arriva
la Restauration. Le comte d'Artois lui fit
donner la croix de Saint-Louis, qu'il reçut
respectueusement et ne porta jamais. Il
pouvait choisir entre les plus riches pa-
roisses. Il ne voulut que la place d'aumônier des prisons, qui ne lui fut pas disputée.
C'était moins que jamais une sinécure. La
guerre civile et ses suites qui se prolongè-

rent plusieurs années dans les campagnes
de l'Ouest, encombraient les prisons de
détenus politiques, et les crimes communs
se multipliaient à la faveur des troubles. La
maison de force de Vannes, à laquelle fut
attaché M. Moisan, différait beaucoup de
nos prisons d'aujourd'hui, qui ressemblent
extérieurement à des hôpitaux ou à des
casernes, et auxquelles des philanthropes
d'une certaine espèce reprochent d'être
trop confortables. C'était une vieille porte
de la ville, flanquée de deux tours à
longs toits en poivrières. Elle n'avait ni
cours ni préau. Les prisonniers respiraient
un peu d'air dans une étroite galerie de
pierre, qui allait d'une tour à l'autre en
passant par-dessus la porte, et qui avait
servi de chemin de ronde. On les aperce-

vait de la rue des Chanoines, et on se montrait de loin les condamnés à mort quand il y en avait, ce qui arrivait assez souvent. L'abbé Moisan qui, en temps ordinaire, ne sortait guère de la prison, si ce n'est pour aller dîner à sa pension chez Madame Normand et pour dire sa messe à la chapelle de Saint-Vincent Ferrier, se renfermait complétement quand il avait des condamnés à mort ou aux travaux forcés, et ne les quittait plus que sur l'échafaud ou après le transfèrement. Il ne passait pas le temps, comme les autres prêtres, à les exhorter ou à leur réciter des prières. Il causait avec eux comme un ami ; si c'étaient d'anciens chouans, ils en avaient long à se raconter de leurs anciennes campagnes. Il se mettait à leur service pour les moindres bagatelles, jusqu'à

faire leurs commissions par la ville. On le
voyait passer tout courant devant nos fenêtres, car nous logions chez Madame Normand, tout près de la cathédrale, et de la
prison par conséquent. L'abbé Le Ber lui
criait de loin : « S'est-il confessé ? » — « Pas
encore, » répondait-il. Il attendait le moment
de la grâce. Il l'attendait jour et nuit, cou-
chant dans le cachot sur une botte de
paille. Les jours d'exécution, tout le monde
était dans les rues aussitôt après l'*Angelus*
du matin. On priait pour le condamné et
pour l'abbé Moisan. Quand on entendait
sonner le glas de l'agonie à Saint-Paterne,
au collége et au séminaire, c'était le signal
que le cortége était sorti de la prison, les
gendarmes d'escorte à cheval, le condamné
les cheveux coupés, le cou nu, les mains

liées derrière le dos, les jambes entravées,
marchant à pied entre son confesseur et le
bourreau, et derrière lui, sur ses pas, la
charrette portant sa bière. Mes camarades
couraient alors en foule le long de la rue du
Mené qui traverse la ville; ils s'entassaient
sur les marches du Calvaire qui est à la
porte du collége, parce que le condamné s'y
agenouillait ordinairement, et disait à haute
voix une prière, à laquelle répondaient tous
les assistants. Je n'ai jamais eu le cœur d'y
aller; mais ce que j'ai vu bien des fois, c'est
la chaîne.

On ne connaît plus cela à présent. Dans
ce temps-là, les condamnés au bagne se
rendaient à pied, enchaînés les uns aux
autres par le cou, depuis Bicêtre jusqu'à
Brest ou à Toulon. La chaîne s'arrêtait à

Vannes, pour y prendre le contingent de notre cour d'assises; et alors l'abbé Moisan ne manquait jamais d'accompagner ses prisonniers, en les embrassant, en leur tenant les mains, en les pansant quand ils étaient écorchés par le carcan de fer, ou quand la blessure de la marque était mal guérie. Il allait ainsi à pied jusqu'à Auray, avec tous ces hommes exaspérés par la fatigue et par la honte, écoutant sans sourciller leurs injures et leurs blasphèmes. Il mangeait à la même pension que moi, avec l'abbé Le Ber, un prêtre janséniste et républicain, que mon ami le docteur Guépin a bien connu, et trois ou quatre écoliers, dont un, par parenthèse, est devenu sénateur. Il ne venait pas les jours d'exécution; il ne songeait pas à dîner ces jours-là, mais on le voyait arriver le lendemain, pâle comme un linge. Personne n'osait lui parler, et même nous ne parlions pas entre nous. Il dépliait sa serviette, regardait à droite et à gauche en essayant de sourire, rencognait à grand'peine des larmes qui lui montaient aux yeux, puis avalait un grand verre d'eau, et s'en allait en emportant un morceau de pain sec. Il fut sérieusement malade en 1827 à la suite de l'exécution des deux Lebras, qu'il a toujours persévéré à proclamer innocents. C'est alors que Mgr de Lamothe le contraignit à accepter la cure d'Auray.

Les dévotes de sa nouvelle paroisse en furent aussi désolées que lui. Elles entourèrent les premiers jours son confessionnal ; mais il avait entendu d'autres aveux ! Elles le trouvèrent à la fois trop brusque et trop indulgent, et le quittèrent en masse pour ses vicaires. L'un d'eux était cet abbé Martin, qui a prêché à Paris avec succès. M. Moisan ne demandait pas mieux que d'être ainsi délaissé. Son succès dans la chaire fut le même qu'au confessionnal. Il essaya une fois de réciter un sermon de l'abbé Poule, resta court au milieu du second point, et ne prêcha plus qu'en bas-breton, le dimanche, à la première messe. Il faisait beaucoup de bien, ce qui ne le distinguait pas de ses confrères, car nos prêtres bretons, depuis le curé de la cathédrale jusqu'au dernier succursaliste, passent leur vie à donner, et à demander pour donner. Quand, vers la fin de la Restauration, j'allais m'installer pour une ou deux semaines au mois de septembre, chez l'abbé Moisan,

je le voyais abattu, découragé, malade. Il
souffrait de se sentir inutile. Il ne reprenait
un peu de vie qu'en me racontant ses ba-
tailles, comme il les appelait, ou en parlant
des condamnés qu'il avait conduits à la
mort. Il en parlait comme de ses enfants ;
il n'y en avait pas un qu'il n'aimât et dont
il ne fît l'éloge. La vieille Annah me disait
qu'il retombait quand j'étais parti, et « qu'il
n'avait pas assez à faire. »

Chose étrange, il sembla renaître après
1830. Tout changea aussi autour de lui ; il
devint l'homme important, ou plutôt l'idole
de la ville. Je ne fus pas longtemps à savoir
pourquoi. Il y eut, en Bretagne, après *les
glorieuses*, un essai impuissant de chouannerie. Les prêtres, pour la plupart, s'y je-
tèrent à corps perdu. Ils commencèrent par

refuser obstinément de chanter le *Domine
Salvum*. Je me souviens que l'évêque, qui
était un Lamothe-Broons, d'une vieille famille légitimiste, fut obligé d'aller le faire
chanter devant lui à Saint-Paterne, sans
quoi l'abbé Couëffic aurait résisté jusqu'à la
fin. De cette première manifestation, ils
passèrent à une autre, plus dangereuse :
ils conseillèrent aux conscrits de ne pas
partir. Un conseil donné à un paysan breton par son confesseur, est un ordre. Il y
eut, aussitôt, depuis Auray jusqu'à Ploërmel, des bandes de réfractaires, dont quelques-unes tinrent la campagne contre les
gardes nationaux et la troupe de ligne. Plusieurs nobles offrirent leurs châteaux pour
lieu de rendez-vous. Le roi Charles X, ré-
fugié à Holy-Rood, donna à un ancien com-

mandant de cavalerie un brevet de lieute-
nant général, pareil à celui qu'avait eu autrefois M. de Puisaye. Le même mouvement
se produisait vers la marche de Bretagne,
notamment à Vitré, où les troubles prirent
une certaine gravité. L'abbé Moisan se re-
trouva alors dans son élément. Il ne me fit
pas de confidences ; j'étais trop jeune et
trop peu initié ; mais je devinais à son air,
à certains propos mystérieux, à l'affluence
inaccoutumée des visiteurs au presbytère,
au respect tout nouveau avec lequel on le
saluait dans la rue, que le recteur était en
guerre. Hélas! le mouvement ne fut pas de
longue durée, deux compagnies de gendarmerie mobile en vinrent à bout ; mais dans
le court espace de dix-huit mois, il coûta la
vie à plusieurs personnes. Quelques-unes

2.

périrent, en soldats, d'un coup de fusil. D'autres portèrent leur tête sur l'échafaud ; d'autres, plus misérables, allèrent mourir au bagne de Brest, car on affecta de les traiter en voleurs de grand chemin, non en accusés politiques. Je puis dire au sujet de cette agitation impuissante, qui n'aura pas d'historien, et à laquelle je n'attachais aucune de mes espérances, qu'elle fut l'agonie d'un grand sentiment.

Tout était irrévocablement fini quand je devins, en 1833, le commensal de l'abbé Moisan. Je venais d'achever mes études, que j'avais faites littéralement à mes frais, donnant matin et soir des leçons d'écriture et d'orthographe pour payer ma pension et mes mois de collége. L'abbé, qui avait de l'ambition pour ses amis, voulait me voir un

jour professeur au collége de Vannes, et me
pressait d'aller à Rennes pour passer l'exa-
men de bachelier. Il prétendait qu'il paierait
mes frais de route : Dieu sait où il aurait
pris de l'argent pour cela. Je finis par y aller
à pied, et par me faire recevoir à l'école nor-
male. Mes camarades ne se sont jamais dou-
tés que je me passais de dîner tous les jours
de sortie; mais je ne me plains pas d'avoir
eu une enfance et une jeunesse un peu rudes,
ni d'avoir passé mes premières années, moi
libre penseur et républicain, parmi des
catholiques et des carlistes. L'abbé Moisan,
qui ne savait pas dire quatre paroles de
suite, et qui n'avait jamais lu que son bré-
viaire et les ordres du jour de M. de la Hous-
saye, a exercé sur mon esprit une influence
que je crois heureuse. Je me rappelle en-

core, tout lettré que je suis devenu, nos in-
terminables discussions, dans lesquelles il
était infailliblement battu, et après lesquelles je passais toutes mes nuits à dis-
cuter avec moi-même ses arguments, et à
croire qu'il avait raison.

III

La peine de mort était un de nos grands
sujets de controverse ; car il avait renoncé
de bonne grâce à ma conversion, et il me
disait souvent avec un gros soupir, en me
mettant ses mains sur les épaules: « Tu es
perdu ! » Je ne me lassais pas de l'interro-
ger sur les condamnés qu'il avait assistés à
la mort, et surtout sur ceux que j'avais
connus avant leur condamnation ; il y en
avait plus d'un. Il avait une singulière maladie d'esprit : il les croyait tous innocents,
et cela, du fond de son âme. Je crois bien
qu'il n'excluait pas de cette absolution uni-

verselle ceux qui lui avaient avoué leur crime.
Il trouvait quelque moyen de les transformer
en martyrs ; ils étaient tout au moins victimes de leur éducation, ou des circonstances, ou de l'organisation sociale ; car l'abbé
Moisan, qui tonnait tous les matins contre
les saint-simoniens, après avoir lu la *Ga-
zette de France*, était, sans s'en douter, un
socialiste radical. Je parle ici, bien entendu,
des condamnés pour crimes ordinaires ;
quant aux condamnés politiques, il ne les
croyait pas seulement innocents, il les tenait
pour des héros; et moi qui ne partage aucune
de ses idées politiques, je ne suis pas éloi-
gné de croire qu'il n'avait pas tort. On com-
prend qu'il était ennemi déclaré de la guillotine ; il l'était aussi du carcan, de la
marque, des galères, et même des longues

détentions. Il aurait maudit la prison cellu-
laire, si l'administration avait exercé dès ce
temps-là son prétendu droit de tuer l'homme
intellectuel et moral en laissant subsister
l'homme physique. Il rêvait un système de
détention courte, plus ou moins sévère suivant les cas, toujours dirigée vers un but de
régénération morale, et après laquelle les
condamnés les plus redoutables pourraient
être transportés dans une colonie, où l'État
les laisserait libres sous certaines condi-
tions. Il ne refusait pas à la société le droit
de tuer lorsqu'elle était dans le cas de légitime défense; et par exemple, exception
singulière chez un homme de parti qui avait
encouru cent fois des condamnations capi-
tales, il admettait sans difficulté la peine de
mort pour les crimes politiques. Elle n'était

alors, suivant lui, qu'un des incidents de
la bataille. Mais ce qu'il contestait pour les
crimes ordinaires, c'était le cas de légitime
défense. Il pensait que, pour maintenir
l'ordre et garantir la sécurité de tous, la
Société n'avait pas besoin, ne pouvait jamais avoir besoin de verser le sang. A ses
yeux, la peine de mort était barbare, parce
qu'elle était inutile. Elle n'était pas seulement inutile. Il traitait d'ignorants et de
sophistes ceux qui parlaient de l'exemple,
et qui regardaient les exhibitions d'écha-
fauds comme une salutaire leçon de morale.
Il soutenait tout au contraire que la cruauté
des peines engendre la férocité des mœurs.
« Croyez-en mon expérience, disait-il en ces
occasions; le sang appelle le sang. Ceux qui
assistent à une exécution avec de mauvais

instincts n'en reviennent pas terrifiés, ils
en reviennent démoralisés. » Son grand argument était l'incertitude des jugements
humains ; il était intarissable sur cet ar-
ticle; il entassait les exemples, quelques-
uns d'une force accablante, et tous puisés
dans ses souvenirs personnels. Ses récits
étaient de longs procès faits aux juges. Il ne
voyait en eux que des hommes de parti, qui
avaient la guillotine pour argument. Il faut
dire qu'il avait vu les cours prévôtales. Il
disait, entre autres choses, que la justice
politique rendait ses arrêts comme on obéit
à une consigne ; mais fidèle à ses principes,
il ajoutait qu'elle était instituée pour cela,
qu'elle était dans son rôle en frappant les
ennemis et même les suspects. « Que voulez-vous que fasse un juge, qui est lui-même

3

une partie du gouvernement, qui lui doit
sa place, qui lui demande de l'avancement,
qui pense comme lui puisqu'il le sert, quand
le gouvernement lui dit, en lui montrant un
accusé politique : Je suis en danger, dé-
fends-moi. »

J'étais, sur ce dernier point, complète-
ment d'accord avec M. Moisan. Ce n'est pas
moi assurément qui aurais pensé à suppri-
mer la peine de mort en matière politique,
tout en la laissant subsister pour les crimes
ordinaires. Quand je lisais l'histoire de la
révolution, si j'étais indigné, comme tous
les hommes de cœur, des exécutions par
masses, sans jugement et sans culpabilité,
il y avait des condamnations que je trouvais
justes, et auxquelles je sentais bien que
j'aurais souscrit. Je sais à présent pourquoi

nous pensions ainsi, M. Moisan et moi, sur
la justice politique. Il avait vécu sous la
terreur rouge, l'empire et la terreur blanche; moi-même j'étais entouré de gens qui
avaient perdu leurs amis sur l'échafaud, ou
qui avaient été condamnés et avaient
échappé à la mort par miracle. Toute répression sanglante engendre des repré-
sailles; il est contre nature d'en attendre
la paix. L'échafaud politique ne fait pas
seulement des assassins comme l'autre
échafaud : il fait des juges politiques.

Je voudrais dire au moins que je parta-
geais les idées de l'ancien aumônier des
prisons en matière de crimes communs;
mais né en 1815, entre la terreur maudite
et la terreur bénite, j'étais trop près des
âges de sang. On ne parlait autour de moi

que de répondre à la mort par la mort. J'é-
tais d'ailleurs retenu par la fameuse phrase
dans laquelle M. Alphonse Karr, qui a été
depuis un de mes amis, a résumé tous les
arguments par lesquels la peine de mort
peut être défendue : « que messieurs les
assassins commencent. » Nous répétions de
part et d'autre les mêmes discours, avec la
même passion et le même succès, dans nos
promenades à Sainte-Anne et à Quiberon et
dans nos excursions à Vannes ou à la pointe
de Saint-Gildas. Quand l'abbé ne savait
plus que dire, il me fermait la bouche avec
le procès des frères Nayl, dont vous allez
lire le récit tout à l'heure; ce souvenir encore tout récent nous troublait l'un et l'autre, et nous laissions filer notre canot le
long des rochers de la côte, en gardant le

silence, et en pensant aux terribles événements que nous venions de traverser. C'est
au retour d'une de ces courses qu'il me demanda d'écrire l'histoire de nos trois amis.
Je l'écrivis tout d'un trait le lendemain matin, non pour prouver, comme on peut le
voir par ce qui précède, mais pour raconter
et pour fixer nos communs souvenirs.

Le pauvre abbé Moisan me fit promettre
de la publier un jour, « si jamais tu deviens
auteur, » ajoutait-il. La voici. Elle a dormi
tout un quart de siècle sous mes livres de
ce temps-là, avec les manuscrits que j'accu-
mulais alors en véritable échappé de collége. Quand j'ai relu, au bout de vingt ans,
ces récits très-naïfs mais très-véridiques,
avec un sentiment qui doit ressembler à celui d'une femme arrivée au seuil de la vieil-

lesse et qui retrouve inopinément au fond
d'un tiroir une fleur desséchée, une parure
flétrie, je n'ai pu résister au désir d'en publier un ou deux, en me cachant avec soin
sous un nom que prenaient tour à tour tous
ceux qui ne voulaient pas être reconnus. Je
laisse paraître aujourd'hui, en le signant,
celui que j'ai appelé *la Peine de mort*,
parce qu'un récit vaut quelquefois autant
qu'une raison.

Je ne puis terminer cette préface sans
dire que mes idées sur le point principal
ont été entièrement modifiées par l'étude.
Je pense à présent que la peine de mort et
toutes les peines perpétuelles peuvent et
par conséquent doivent être retranchées de
nos codes; en un mot, je refuse à l'homme,
soit en matière politique, soit en matière

ordinaire, le droit d'infliger à l'homme ou
une souffrance ou une flétrissure irrévoca-
bles. Je n'admets ni l'infaillibilité dans le
juge, ni l'éternité de la perversité dans le
coupable. J'ai été quelque temps mêlé, après
la fondation de la république, à l'administration de la justice criminelle ; j'ai visité un
grand nombre de prisons dans toute l'Eu-
rope, depuis Mazas jusqu'à Millbanks ; je suis
allé à Portland, pour me rendre compte de
la manière dont les Anglais remplaceront la
peine de mort quand ils y auront renoncé.
Ce que j'ai surtout rapporté de ces longues
études, c'est la peur de l'irréparable. Il y a
une maison, en Bretagne, qui m'aurait suffi,
sans aller si loin, si je ne m'étais pas obstiné
à lutter contre moi-même dans mon désir
de ne pas remplacer la raison par le senti-

ment. Ce n'est plus aujourd'hui pour moi une question d'humanité. En demandant qu'on laisse toujours à la société le moyen de réparer une erreur, si je pense beaucoup à la victime, je pense encore plus à la société elle-même; et j'ai moins peur du tort qu'une erreur judiciaire fait à un homme, que de celui qu'elle fait à la justice.

Je ne suis plus aussi farouche que nous l'étions, l'abbé Moisan et moi en 1833, et je ne sais pas, quoiqu'il fût tout d'une pièce et Breton jusque dans les moëlles, s'il commettrait encore l'effroyable contre-sens de laisser subsister la peine de mort pour les vaincus en la supprimant pour les assassins. Pour moi, je suis converti sur les deux points. J'ai vu à Nüremberg un musée de sabres à décapiter, de couperets, de machines à faire sauter la main ou le pouce, à essoreiller, à aveugler. La mort ne s'y montre pas seulement atroce ; elle y est, dans certains supplices, par un raffinement du génie des tortureurs, ridicule. C'est là, pour le dire en passant, qu'a été inventée, longtemps avant la révolution française, notre sinistre guillotine, avec ses poteaux à rainures, ses ceps pour enfermer le cou, son couteau lâché par un ressort et opérant la décapitation par le seul poids de sa masse, sans intervention de la main de l'homme. Je voudrais que de tous les coins de la terre *civilisée*, on y portât les dernières guillotines, les derniers garrots, les dernières potences ; et je crois fermement que, dès le lendemain, la race de MM. les assassins, comme dit Alphonse Karr, irait en s'étei-

3.

gnant. La politique y gagnerait comme la morale. Les guerres civiles n'en seraient peut-être pas moins fréquentes, mais à coup sûr elles deviendraient moins atroces.

Ce que j'ai retenu, sur ce dernier point, des opinions de M. Moisan, c'est un désir ardent de voir la justice politique, puisque c'est le nom qu'il faut lui donner, entièrement séparée de la justice ordinaire. Ni les mêmes juges, ni les mêmes lieux de détention. Assurément je suis convaincu qu'il y a en politique une cause juste et des partis haïssables; mais dans tout jugement politique, c'est le vainqueur qui décide, à titre de vainqueur, soit qu'il représente la justice ou la violation de la justice. Quand la chance tourne, l'accusé change de place avec le juge. Le même code se trouve bon.

Il est donc vrai que la justice politique est une bataille, et la justice ordinaire une doctrine. Là, une question de victoire et de défaite; ici, une question de bien et de mal. La preuve qu'une condamnation politique ne fait de tort qu'à la victime et n'en fait pas à la morale, c'est qu'en dépit de la violence des partis, la proscription n'a jamais déshonoré personne.

Je visitais un jour en compagnie de quelques amis la maison de force de Gand. Je crois que c'était en 1853. Le directeur me demanda, au moment où je me retirais, combien de temps j'avais été moi-même prisonnier. Je fus obligé de répondre que je n'avais pas été prisonnier du tout. Je me rappelle que je fus un peu humilié d'avoir à faire cette réponse, et qu'elle ne me fit pas grand honneur dans l'esprit de ceux qui m'entouraient; — de ceux surtout qui, n'étant pas mes amis personnels, ne connaissaient pas les événements de mon humble vie. Il faut toujours que la justice humaine puisse rendre sa proie. Qu'elle rende le coupable guéri, quand c'est un coupable; qu'elle rende le vaincu vivant, quand ce n'est qu'un vaincu. Mais surtout, si elle s'est trompée, qu'elle puisse rendre sa victime.

—

LE·RÉCIT

LA
PEINE DE MORT

I

Tout le monde sait qu'après la révolution de 1830, il y eut, en Bretagne, une sorte de renouvellement de la chouannerie. J'étais alors bien jeune, et je ne pouvais avoir en politique que des instincts et des sentiments. D'ailleurs mon père était républicain, et je l'étais aussi par obéissance, en attendant de le devenir par l'étude et la ré-

flexion. Mes opinions me rendaient l'impar-
tialité facile. Elles ne me faisaient pas d'ennemis ; on me permettait d'être républicain
comme on permet à un poëte de rêver. Ma
famille m'avait mis en pension au collége de
Vannes, où j'apprenais un peu de latin et un
peu de français sous la direction de l'abbé
Ropert, excellent homme qui ne savait guère
ni l'un ni l'autre. Nous étions là, dans la classe
de seconde, une centaine d'écoliers dont j'é-
tais le plus jeune ; car, dans ce pays alors
arriéré, et qui s'est peut-être civilisé depuis,
la population des colléges se composait
principalement de grands garçons, enlevés
à la charrue par la vanité de leurs parents
ou la générosité de leurs curés, pour se
préparer à l'état ecclésiastique. Je me rappelle encore mes condisciples en petite

veste et en sabots, avec leurs cheveux longs
et leurs vingt-cinq ans, et qui, parce qu'ils
étaient collégiens et qu'il y a partout des
grâces d'état, étaient tout aussi enfants que
moi-même. Ils ne l'étaient pas pourtant
dans leurs sentiments politiques, et il n'y
en avait peut-être pas un qui ne fût chouan
jusqu'au bout des ongles. Notre collége
avait déserté en masse, sous la première
révolution, pour aller faire la guerre dans
les landes avec Cadoudal; nos régents n'en
étaient pas peu fiers; ils avaient soin de
nous rappeler de temps à autre avec un
orgueil tout à fait communicatif ce grand fait
d'armes de nos devanciers. Il ne faut donc
pas s'étonner si plusieurs d'entre nous se
joignirent à la bande de Guillemot pendant
les vacances de 1831. Nous autres petits,

nous eûmes fort à faire au retour pour
écouter les merveilleux récits de leur campagne. J'ose croire qu'ils y mettaient un
peu du leur. Il y en avait qui avaient mis le
feu à la grange; d'autres avaient tenu la
campagne pendant plusieurs jours contre
une compagnie de gendarmerie mobile ;
d'autres avaient dévalisé une diligence qui
portait de Ploërmel à Vannes l'argent de la
recette particulière. Guyomar, qui était un
de nos plus brillants rhétoriciens, prétendait avoir tenu le conducteur sous son genou
pendant plus d'une demi-heure, et quoiqu'il
n'eût pas son égal pour tourner un vers
latin, il était plus fier de cette expédition
nocturne que de ses meilleurs distiques. Je
l'ai toujours soupçonné d'avoir puisé la plupart des émouvants récits qu'il nous faisait

dans *Jean Sbogar*, dont nous étions fous,
car il avait naturellement horreur de tout
ce qui ressemblait au désordre et à la violence. Nous avions encore Raynal, qui se
vantait d'avoir arraché de sa main, en plein
soleil, un jour de pardon, le drapeau tricolore qui flottait sur la porte de la mairie. Trois préposés de la douane avaient
voulu l'en empêcher, mais il avait poussé si
vigoureusement le cri de Vive le roi! et tous
les garçons de Sarzeau et de Port-Navalo
s'étaient si promptement groupés autour de
lui, que les douaniers avaient jugé toute
résistance impossible et remis pacifique-
ment leur sabre au fourreau.

Le plus âgé de nos camarades était un
paysan de Saint-Allouestre, qui devait
prendre la soutane dans quelques mois. Il

avait deux frères, dont l'un, l'aîné de la famille, était laboureur, et l'autre, qui entrait
en troisième, venait de tirer à la conscription. Ils s'appelaient les frères Nayl, et
quoique paysans ils faisaient figure parmi
nous, parce que leur père était un assez
gros fermier, et qu'ils étaient unanimement
reconnus pour les meilleurs élèves du collége. On ne les entendait jamais parler de
chouannerie, et personne de nous n'aurait
su dire s'ils étaient blancs ou bleus. Quand
Guyomar ou quelque autre racontait ses
exploits au milieu d'un cercle, ils s'arrêtaient
pour écouter comme les autres, mais sans
exprimer leur opinion, se contentant, aux
plus beaux endroits, d'échanger entre eux
un sourire. C'étaient, au reste, des garçons
timides, rangés comme des filles, toujours

exacts à l'heure, se promenant à part les
jours de congé, car ils s'adoraient, et d'une
dévotion que l'abbé Flohy, notre aumônier,
nous proposait toujours pour modèle. Ils
étaient mes voisins, logés dans la rue des
Chanoines, tout près de la cathédrale, chez
une veuve qui tenait une pension pour huit
ou dix écoliers. J'ai été bien souvent les
voir dans leur petite chambre, où ils étaient
entassés tous les trois quand l'aîné venait
à la ville, et je m'asseyais sur un lit, parce
qu'il n'y avait que trois chaises. Nous
répétions nos leçons ensemble, ou nous
lisions quelque livre emprunté à l'un des
vicaires de Saint-Paterne. Nous étions
tout à fait abandonnés à nous-mêmes après
les heures de classe, et pourtant je puis bien
dire que nous n'aurions pas été plus sages

et plus laborieux si nous avions été en-
fermés dans un séminaire. J'aurais bien ri,
lorsque nous nous embrassâmes le lendemain de la distribution des prix, avant de
retourner chez nos parents, si l'on m'avait
dit que quatre mois après je verrais condamner mes trois camarades à la peine de
mort.

II

Ma famille demeurait alors à Belle-Ile.
Le chasse-marée qui me ramena le jour de
la rentrée des classes fut obligé de courir
des bordées dans le Morbihan, et ne put
entrer dans le canal que vers neuf heures
du matin. J'étais en retard pour la messe
du Saint-Esprit, et je me rendis à la chapelle sans entrer chez personne. Mon pre-

mier soin, dès que je fus arrivé à mon banc,
fut de chercher du coin de l'œil mes amis;
mais je ne les aperçus pas et j'en fus fort
étonné, car aucun de nous ne prenait de
libertés avec le règlement, et il fallait qu'ils
fussent malades et alités pour n'être pas là.
Plusieurs de mes camarades, à qui je fis un
joyeux signe de tête, me répondirent de
loin d'un air grave qui augmenta mes in-
quiétudes. Je fus sur des charbons jusqu'à
la fin de la cérémonie, et je n'attendis pas
que nous fussions sortis de l'église pour
demander à Guyomar ce qu'étaient devenus
les Nayl, et s'il y avait quelque chose de
nouveau.

« Vous ne savez donc rien, à Belle-Ile,
de ce qui se passe? me dit-il.

— Mais non, lui dis-je. Nous avons en-

tendu parler de l'assassinat de Bignan ;
mais il ne nous est pas venu d'autre nouvelle du continent.

« — Justement, me dit-il, c'est la mort de
M. Brossard qui nous met tous dans le
chagrin, et nous ne pouvons pas encore
comprendre comment les Nayl ont fait ce
coup-là.

— Les Nayl ! m'écriai-je. Et qu'ont-ils de
commun avec cette horrible histoire ? » Car
je ne pouvais pas encore comprendre que
Guyomar les accusait d'être les assassins.
Lorsqu'il me le répéta, en ajoutant qu'ils
étaient en prison tous les trois et qu'ils passeraient aux prochaines assises, je sentis
mon sang tourner, mes yeux se voilèrent,
et je tombai évanoui sur les marches de la
chapelle. On me porta chez moi, où je fus

4

plusieurs heures assez malade. Enfin, je re-
couvrai assez de force pour me lever et je me
rendis chez M. Le Nevé, notre principal,
espérant encore qu'on m'avait trompé, et
voulant, dans tous les cas, être éclairci et
connaître tous les détails.

Je n'eus pas besoin de lui faire de question, car il vint à moi dès qu'il m'aperçut et
me tendit les bras en pleurant. « Mais ils
sont innocents, me dit-il, je le jurerais, et
pourtant toutes les apparences sont contre
eux. Je suis assigné comme témoin. Je leur
rendrai justice. Je dirai tout le bien que je
sais d'eux. Des enfants que j'ai élevés, que
je connais depuis dix ans, et qui sont le
modèle du collége, ne peuvent pas être des
assassins. Soyez tranquille, nous les sauverons. Jourdan m'a promis de les sauver. »

Ces assurances, sans me tranquilliser, me mettaient un peu de baume dans le sang. J'appris que la famille était arrivée à Vannes depuis deux jours. Je courus la voir. Il y avait le père, la mère et la femme du fils aîné qui était déjà marié, quoiqu'il n'eût que vingt-quatre ans. Je trouvai les femmes assises dans un coin, le tablier relevé sur la tête, et pleurant toutes les larmes de leur corps. Le bonhomme était debout, tenant à la main son pen-bach, et regardant fixement devant lui sans rien voir. Quand j'entrai, les cris des deux femmes redoublèrent et devinrent des sanglots qui me navraient. Le père me serra la main et la garda longtemps dans les siennes. Enfin, je l'amenai près de l'unique fenêtre, et faisant un grand effort pour parler, car j'avais des larmes plein le

cœur : « Sont-ils coupables ? » lui dis-je. Il
remua à peine les lèvres et ne prononça
qu'un seul mot; mais ce mot me fit fris-
sonner. Le père avait dit : « Je le crois. »

III

Je commençais à le croire aussi. Tout en
me disant : « Nous les sauverons ! » M. Le
Nevé m'avait appris deux ou trois circonstances qui m'avaient jeté dans un doute
terrible. Il m'avait dit que le père Nayl était
un chouan déterminé, dont l'hostilité au
gouvernement était si connue, que le préfet
avait mis chez lui un garnisaire pour le sur-

4.

veiller. Jean-Pierre, le troisième fils, qui avait
tiré au sort dans l'année et que nous avions
cru exonéré du service par son numéro,
s'était, au contraire, trouvé appelé par suite
des opérations du jury de recensement. Il
avait aussitôt quitté la maison paternelle
pour se dérober au service, et ses deux
frères l'avaient suivi. Cette année-là et la
précédente, un quart au moins des jeunes
soldats avaient déserté pour ne pas être
enrôlés parmi les bleus, et plusieurs bandes
de réfractaires couraient les campagnes,
traqués de village en village par la gendarmerie mobile. Cette petite troupe, grossie
par tous les mécontents et par ceux qui
rêvaient de recommencer la chouannerie,
se divisait ordinairement par bandes de
quinze à vingt, et se réunissait aussi quel-

quefois au nombre de sept ou huit cents,
soit pour se compter, soit pour tenter un
coup de main. Tous les paysans étaient pour
eux, et quand ils frappaient trois coups à la
fenêtre, sur le soir, le fermier s'empressait
d'ouvrir la porte, qu'on barricadait à l'intérieur lorsqu'ils étaient entrés; la fermière
mettait sur la table les crêpes, le pain, le
lard, un pichet de cidre; les gars de la ferme
leur bourraient des pipes, décrassaient leurs
fusils, renouvelaient leurs munitions et
cherchaient dans le coffre commun leurs
meilleures chaussures, des guêtres, des
habits, tout ce qui pouvait leur rendre la
vie moins dure. Le souper fini, on disait ensemble la prière; puis les femmes allaient
se coucher, et les hommes, éteignant la
chandelle de résine, restaient autour du

foyer à maudire le gouvernement et à mé-
diter des projets de vengeance et d'insurrec-
tion. Souvent ces conciliabules étaient tout
à coup interrompus par l'aboiement d'un
chien qui annonçait l'approche d'un étran-
ger. Alors on sautait sur les fusils, et le
maître de la ferme s'approchait de la lucarne pour tâcher de voir au dehors. Si l'on
apercevait des gendarmes, on les comptait,
on se comptait. La plupart du temps on es-
sayait de fuir, de se cacher sous des bottes
de foin, de faire un trou dans le toit de
chaume afin de s'évader par derrière, tandis
que la porte s'ouvrait lentement. Quelquefois aussi on avait recours à la force, et les
gendarmes se trouvaient pris dans un piége.
Le sang avait coulé dans bien des rencontres,
et, comme il arrive dans les guerres civiles,

il y avait de la haine des deux côtés, une
haine qui s'accroissait tous les jours. Les
soldats comptaient ceux de leurs camarades
qui avaient péri ; les réfractaires, à force de
vivre hors la loi et de porter un fusil sur le
dos, prenaient des mœurs plus farouches.
Un fait tout récent les avait exaspérés. On
avait répété partout dans les campagnes
que le gouvernement de juillet avait aboli
la peine des galères pour les crimes politiques. Cependant, Nagat et les deux frères
Jégu, qui avaient arrêté la malle entre
Ploërmel et Malestroit, avaient été condamnés à vingt ans de travaux forcés. Les
bleus avaient beau dire qu'il s'agissait d'un
vol à main armée commis la nuit de com-
plicité sur la voie publique, les paysans
bretons n'entendaient pas de cette oreille :

ils savaient que les Jégu étaient des réfractaires, que l'argent du gouvernement avait
été religieusement porté à la caisse de la
petite armée insurrectionnelle; c'était donc
bien un crime politique qui avait envoyé
leurs amis au bagne de Brest. On employait
donc à la fois contre eux la ruse et la force.
On les tuait et on les trompait. Des incen-
dies et des assassinats répondirent à cette
condamnation et à quelques autres du même
genre. Il n'aurait peut-être fallu à ce mo-
ment-là qu'un homme habile et entrepre-
nant pour donner à l'agitation des propor-
tions redoutables.

Ordre avait été donné à tous les maires de
dénoncer à l'autorité les réfractaires qui se
cachaient dans leurs communes; cet ordre
avait été affiché à la porte de toutes les

mairies. Une heure après, au-dessous de la
pancarte officielle, on en lisait une autre qui
menaçait de mort tous les maires qui obéi-
raient aux ordres du gouvernement. A Lan-
dévant, petite commune des environs de
Hennebon, cette audacieuse menace fut af-
fichée publiquement, à la sortie des vêpres,
en présence de tout le village et de l'adjoint
du maire qui n'osa pas souffler un mot.
Rien n'était plus précaire que la position de
ces magistrats municipaux, dont la plupart
n'avaient à leurs ordres ni un gendarme, ni
un douanier, ni un garde champêtre. Quel-
ques-uns étaient de cœur avec les insurgés
et les avertissaient d'avance de la marche des
gendarmes. Il n'était pas facile de trouver
un bleu dans certains villages ; ailleurs il n'y
avait que le maire en fonction qui sût lire.

M. Lorois, le préfet, avait cru bien faire en
choisissant, partout où il avait pu, d'anciens
soldats de la république ou de l'empire ;
mais ces proscrits de la veille, devenus
inopinément magistrats, manquaient d'autorité et de confiance en eux-mêmes. Il fallut user de menaces et de promesses pour
obtenir d'eux quelques avertissements timides. Une ou deux fois le procureur du roi
connut, par leur moyen, le rendez-vous d'une
bande, et put opérer des arrestations. Les
chouans résolurent de se venger des dénon-
ciateurs d'une manière éclatante. Je dis les
chouans, et j'ai peut-être tort ; mais enfin
ils prenaient ce nom, jadis illustré par de
grands courages, et que plusieurs d'entre
eux, venus là pour faire le mal, sans aucune
croyance politique, étaient indignes de porter.

Bignan est un gros bourg du canton de Saint-Jean-Brévelay, dans les environs de Locminé. On y fait un assez grand commerce de chanvre et de bestiaux, de sorte qu'il y a là une demi-douzaine de gros marchands, moitié paysans, moitié bourgeois, qui ne vont qu'à la première messe le dimanche, et qui passent, non sans raison, pour des bleus enragés. M. Brossard, ancien receveur de l'enregistrement destitué sous Charles X, était l'homme le plus lettré de ce petit groupe. Il avait été nommé maire après le 24 juillet, et s'était signalé, dès la première année de son administration, en refusant de marcher derrière le dais avec son écharpe, à la procession de la Fête-Dieu, ce qui, par une conséquence nécessaire, en avait fait l'oracle de tous les bleus de Bi-

gnan et des environs, et l'objet de l'exécra-
tion des chouans. Ses amis l'avertissaient
de prendre garde à lui ; mais il n'avait pas
souci de leurs conseils, et on le trouvait
toujours seul, aux environs du bourg, dans
des chemins creux, où il est aussi facile de
tuer un homme que de tirer à la cible.

Quand l'avertissement de la préfecture
relatif aux réfractaires lui parvint, il réso-
lut de l'afficher lui-même après la grand'-
messe, et de faire un discours à ses admi-
nistrés. C'était assez sa coutume, car il était
grand orateur, et il aimait à parler, comme
tous ceux qui se savent éloquents. Il atten-
dit donc que la grand'messe fût finie, et
quand on eut sonné l'*Angelus*, que l'on dit
toujours en Bretagne après l'*Ite missa est*
avant de se séparer, il sortit solennellement

de la mairie, précédé du tambour de ville
et d'un petit garçon d'une douzaine d'années
qu'il appelait son secrétaire. Il fit d'abord
battre un ban, puis il ôta sa casquette,
monta sur une pierre, lut à haute voix la
proclamation du préfet, se vanta de l'avoir
lui-même provoquée, et finit par une déclara-
tion la plus énergique de son empressement
à obéir, et de sa volonté de purger la commune des brigands qui l'infestaient. Ces brigands, au nombre de huit, étaient là tout
près de lui, avec leurs amis et leurs parents,
et il ne tenait qu'à eux d'en finir sur-le-
champ avec M. le maire. Il le savait parfai-
tement; mais les regards farouches qui tom-
baient sur lui ne lui firent pas un instant
baisser les yeux. Il colla lui-même la pancarte sur la muraille, descendit de son siége,

ploya proprement son écharpe tricolore, la
mit dans sa poche et marcha droit vers celui
des réfractaires qui passait pour le chef de
la bande.

« Eh bien ! dit-il, Jean Brien, tu as entendu. Tu sais ce qui te reste à faire. Je
vous donne vingt-quatre heures pour vider
les lieux. Si dans vingt-quatre heures vous
n'êtes pas hors de la commune, j'écris au
procureur du roi et je vous fais prendre au
gîte.

— Vous ne ferez pas cela, monsieur Brossard, dit Jean Brien. Vous êtes un bleu, mais
vous êtes né dans le pays. Vous savez bien
que je suis chez mon père ; vous ne me dé-
noncerez pas.

— Je te dénoncerai, toi et les autres, aussi
vrai qu'il y a un Dieu, répondit M. Bros-

sard ; ainsi, tenez-vous tous pour avertis. »

Personne ne répondit ; le maire fendit la
presse avec quelque difficulté, et traversa
la rue pour entrer dans un cabaret où il se
mit à jouer aux cartes avec le percepteur et
un marchand ambulant, nommé Gautron,
qui se trouvait à Bignan pour la prochaine
foire. Les paysans stationnèrent longtemps
en groupes serrés contre la porte de la mairie ; mais personne ne toucha à la proclamation, et on n'essaya même pas, comme
on avait fait ailleurs, d'y accoler une pancarte séditieuse. Les cabarets eurent tort ce
jour-là, car personne ne quitta le cimetière
entre la messe et les vêpres. Tous les paysans
restèrent là immobiles, sans se parler, sans
crier, les hommes debout, les femmes assises sur les tombes. La mère de Jean Brien

s'approcha de lui deux ou trois fois et voulut le prendre par le bras ; mais il la repoussa doucement, et se retira à l'écart avec
les autres réfractaires. Au dernier coup de
vêpres, tout le monde entra dans l'église.
Le maire se montra alors sur la porte du
cabaret, regarda de loin son affiche intacte,
et dit à ses confédérés avec une satisfaction
intime : « Il ne s'agit que d'avoir de la fermeté. »

La foire au chanvre tombait le mercredi
suivant, et les gendarmes de Plumelec devaient venir à Bignan pour ce jour-là ; mais
on ne fut pas étonné, dans les circonstances
où on se trouvait, de voir arriver, dès le
mardi, une quinzaine d'hommes du 43e de
ligne, sous la conduite d'un sergent, et autant de gendarmes mobiles. Le maire se

donna beaucoup de mouvement pour installer sa garnison; il retint à souper les sous-
officiers, et les avertit que les réfractaires
n'avaient pas quitté la commune; qu'ils s'é-
taient réunis à Kerdroguen, à une demi-
lieue du bourg environ, chez un riche meunier qui avait plus d'une fois couru les
champs avec eux dans le cours de l'année;
qu'on avait vu des jeunes gens étrangers au
pays se glisser au moulin par les courtils;
qu'ils étaient peut-être une vingtaine, la
plupart bien armés, et qu'il était nécessaire
de les arrêter dans la nuit, parce qu'ils
pourraient trouver des défenseurs parmi les
paysans qui couvriraient les chemins le jour
suivant, dès la matinée.

L'adjoint, qui était un ancien sergent, se
chargea de conduire les soldats et la gen-

darmerie mobile à travers les champs, pour
prendre le moulin par derrière, tandis que
la brigade de Plumelec arriverait tout droit
par le chemin et se présenterait à la porte.
Quant au maire, il déclara qu'il suffirait à
lui tout seul pour faire la police dans le
bourg, jusqu'au retour de l'expédition. C'é-
tait une promesse un peu téméraire, car,
dans les villages bretons, la population est
sur pied, les jours de foire, dès quatre heures du matin. Les déballages se font, les
boutiques se dressent, les morceaux de lard
commencent à chanter dans la friture, on
met en perce les tonneaux de cidre, les
aveugles et les culs-de-jatte entonnent leurs
complaintes, on achève à grands coups de
marteau de clouer la baraque des jongleurs,
et les bestiaux mêlent| à ces bruits confus

leurs mugissements. Mais M. Brossard n'en
était que plus charmé d'avoir une si belle
occasion de déployer son activité et son
zèle. Il se jeta tout habillé sur son lit après
le départ de ses hôtes, recommanda à son
adjoint de le réveiller dès que les prisonniers seraient arrivés, et s'endormit paisi-
blement.

La nuit était noire. Les soldats sortirent
du bourg séparément par divers côtés, et se
réunirent à quelque distance. Ils ne furent
pas un quart d'heure à se rendre à Kerdroguen; et, sur le minuit, la maison se trouva
enveloppée. Caché derrière un massif de
pommiers qui croissaient presque au niveau
du toit, parce que le moulin était sur une
pente, l'adjoint aperçut le maréchal-des-
logis de Plumelec qui s'avançait avec ses

5.

quatre hommes, et il l'entendit frapper à la porte du moulin. Un chien se mit à aboyer; mais personne ne répondit de l'intérieur. Les hommes de l'embuscade mirent la main sur la batterie de leurs fusils, et se tinrent prêts à courir au moindre signe au secours de leurs camarades. On ne voyait aucun mouvement dans la maison ni aux alentours, et quand le chien se taisait, on n'entendait que l'eau qui clapotait sous les vannes. Cette attente dura bien un quart d'heure, pendant lequel le maréchal-des-logis heurta plusieurs fois à la porte, appela à haute voix le meunier, et déclara qu'il serait obligé de recourir à la force si on ne se mettait pas en mesure de lui ouvrir. Enfin, ne recevant aucune réponse, il donna l'ordre d'enfoncer la porte. La plupart des soldats

accoururent en ce moment pour prêter
main-forte ; mais la porte céda du premier
coup, et la troupe pénétra dans l'intérieur.

Tout était noir comme dans un four. L'adjoint battit le briquet, et l'on eut bientôt
allumé plusieurs chandelles de résine. On
se mit à chercher de tous côtés dans la première chambre. La nappe était sur le coffre
avec les assiettes et les chopines ; il était
clair que quinze ou dix-huit personnes
avaient soupé là. Deux lits superposés selon
l'usage des chaumières bretonnes, n'avaient
pas été défaits. On regarda dans la cheminée, ordinairement garnie de quatre ou cinq
fusils ; il n'y en avait plus un seul. Tout à
coup on entendit marcher à l'étage supérieur.

En ce moment, la chambre où étaient les
soldats devint silencieuse comme la tombe.
Tout le monde leva les yeux vers les plan-
ches mal jointes qui servaient de plafond ;
dans chaque fente on croyait voir braqué le
canon d'un fusil. Une échelle en mauvais
état conduisait à l'étage supérieur. Le sér-
gent s'y précipita, comme un soldat qui voit
tomber une bombe à dix pas de sa compagnie et qui se dévoue pour sauver ses camarades. Quelques hommes déterminés l'y
suivirent. Ils soulevèrent la trappe qui servait de communication, et quand ils furent
ainsi au premier étage du moulin, ils se
trouvèrent en présence de la mère et de la
femme du meunier. Il n'y avait pas d'autre
garnison dans cette forteresse qui pouvait
être si aisément défendue. On fouilla sous

les lits, sous les coffres ; on fureta dans tous
les coins du moulin ; on éventra plus d'un
sac de grain avec la pointe des sabres ; on
frappa sur les lattes qui soutenaient la cou-
verture de chaume pour s'assurer qu'elles
étaient solidement clouées et qu'elles n'a-
vaient pu laisser échapper les fuyards.
Enfin, il fut bien démontré qu'on était arrivé au moulin après le départ de la bande.
C'était une partie manquée. Le sergent en
pleurait de rage. Il sortit le dernier, et voulut descendre sous la berge, pour voir si
personne ne se cachait le long de la rivière.
Il fallut l'arracher de là et le raisonner.

Il était près de trois heures du matin,
tant la visite des localités avait été minu-
tieuse et acharnée. La troupe reprit le chemin de Bignan, ayant toujours l'œil aux

aguets, interrogeant les arbres et les büis-
sons. Rien ne se montra ; il fallut se résoudre
à réveiller le maire pour lui annoncer cette
déconvenue.

———

IV

M. Brossard demeurait au centre du bourg.
Il habitait une petite maison neuve, qui n'avait
qu'un seul étage et deux fenêtres de champ
sur la façade. Le rez-de-chaussée contenait
deux pièces ; d'un côté la cuisine, de l'autre
une salle à manger ; l'escalier était entre les
deux. La chambre du maire était au-dessus

de la salle à manger ; une grande salle atte-
nante servait de réserve et ne renfermait que
deux ou trois grandes armoires. Au-dessus,
dans une mansarde unique, couchait une
vieille paysanne entièrement sourde, qui
faisait le ménage, et quelquefois un peu de
cuisine quand M. Brossard ne dînait pas à
l'auberge du Cheval blanc. La porte principale donnant sur la rue n'était jamais fermée
qu'au loquet. Une sonnette placée à l'intérieur, et que la porte faisait mouvoir en
s'ouvrant, suffisait à la sécurité de M. Brossard, dans un pays où l'on assassine quelquefois, mais où on ne vole presque jamais.
Il y avait sur une planche, à l'entrée de l'allée,
une lanterne et des allumettes qui servaient
au maire quand il rentrait chez lui à la nuit
close. L'adjoint, qui connaissait les habi-

tudes de la maison, fit stationner les soldats
devant la porte, entra avec les trois sous-
officiers, alluma la lanterne, monta l'escalier,
et vint heurter contre la porte du maire. En
ce moment, le brigadier de gendarmerie
l'arrêta brusquement par le bras.

« Vous marchez dans l'eau, » lui dit-il.

L'adjoint regarda et vit une mare à ses
pieds. Il baissa vivement la lanterne et
poussa un cri. Ses trois compagnons s'é-
taient penchés en même temps que lui, et
tous trois contemplaient cette mare avec
horreur.

Le brigadier se releva le premier.

« C'est du sang, dit-il ; il y a eu ici un
malheur ! »

Ils entrèrent précipitamment dans la
chambre du maire.

Ils sentirent une odeur âcre qui les saisit,
mais rien ne paraissait dérangé. Les meubles
étaient à leur place; les rideaux blancs tom-
baient des deux côtés du lit sur lequel le
maire était étendu. Ils s'avancèrent vers lui,
et virent que les draps étaient tachés de
sang; mais on les avait relevés soigneuse-
ment sur le cadavre. L'adjoint le toucha;
il était déjà refroidi. Quand il souleva le drap
pour porter la main sur le cœur, les trois
sous-officiers poussèrent une exclamation
d'effroi. La proclamation menaçante des
chouans était plantée avec un couteau sur la
poitrine de la victime.

Le maréchal-des-logis, qui avait été chargé
de plus d'une instruction, se mit alors à
examiner l'état des lieux. Il fut au secrétaire; la clef était à la serrure, il l'ouvrit:

tout était en ordre ; l'argent était dans le
tiroir. Une commode contenant du linge et
d'autres effets n'avait pas été touchée. Une
table de bois noirci, qui servait de bureau,
était dans l'état où M. Brossard l'avait lais-
sée. Les plumes, l'encrier, les crayons, le
papier blanc, tout était rangé avec symétrie
comme il l'avait laissé la veille. Le plancher
était couvert de boue et de sang ; il était évident que plus de quinze personnes étaient
entrées et qu'elles venaient de marcher dans
des chemins humides. On remarqua même
des traces de terre glaise comme il y en avait
sur la route de Kerdroguen. L'empreinte des
souliers ferrés et des sabots était encore vi-
sible sur cette poussière humide, où la crosse
des fusils avait aussi laissé sa trace. Le maréchal-des-logis regarda sous le lit, souleva

un tapis de pied, secoua les rideaux sans
trouver aucun indice qui pût faire reconnaître
les coupables. Ce ne fut qu'au moment de
sortir de la chambre que l'adjoint aperçut
derrière une chaise un chapeau qu'il ne re-
connut pas pour avoir appartenu au maire ;
il le prit, et quand on en eut approché la
lanterne, on put voir ces mots écrits à l'intérieur, selon la mode des écoliers : Jean-Pierre
Nayl, élève du collége de Vannes, rue des
Chanoines, n° 17.

Pendant qu'on se livrait à ces perqui-
sitions, les gendarmes et les soldats battaient
les chemins de tous côtés. Les esprits furent
divisés le lendemain pendant la foire. Quel-
ques-uns approuvaient les meurtriers; le
plus grand nombre les blâmait; les légiti-
mistes surtout exprimaient avec vivacité leur

indignation; cependant personne ne bougea pour aider les recherches des gendarmes. Jean Brien, qu'on regardait comme le chef de l'expédition, ne put être arrêté; mais on mit la main sur Jean-Pierre Nayl et ses deux frères. Il fut prouvé qu'il était parti avec eux pour se réunir à la bande de Bignan quatre jours avant l'attentat. On les arrêta dans une hutte de charbonniers, à une portée de fusil de Saint-Allouestre. Ils ne firent aucune résistance et se laissèrent conduire à la prison de Vannes. Tout le monde les connaissait dans la rue du Mené, et tout le monde les plaignait quand ils y passèrent en plein jour, attachés tous les trois avec une corde. La veuve Guillemin, chez laquelle ils logeaient, eut le courage d'aller les embrasser au milieu de la rue, et de leur dire qu'elle

ne doutait pas de leur innocence. On apprit
à Vannes, quelques jours après, que le
dimanche qui avait précédé l'assassinat, le
vieux père Nayl, étant au jeu de boule, avait
dit devant tout le monde, que si un maire
dénonçait les réfractaires, il faudrait lui
faire son affaire, que ce serait bien fait, et
qu'il espérait bien, si ses fils étaient dénon-
cés, qu'ils auraient le temps de se venger
avant d'être pris.

V

Tous ces détails me désolaient. Le procureur du roi avait fait venir de Kerdroguen
un petit garçon à qui vous auriez donné douze
à treize ans, et qui avait pour fonctions de
porter le grain au moulin et la farine aux
pratiques. Il se trouva que cet enfant avait
vingt ans et était sur le point de tirer à la
conscription. C'était un témoin respectable.

Il connaissait les Nayl, à qui il avait souvent
prêté sa jument quand elle revenait à
vide et qu'ils avaient fait une longue course
à pied, car il y a bien cinq lieues de Saint-
Allouestre à Bignan. Il essaya d'abord de
faire le fin quand il fut interrogé; il soutint
qu'il ne connaissait aucun des frères Nayl,
mais cela ne put tenir : on lui prouva clair
comme le jour qu'il les connaissait tous trois
à merveille. On le menaça, còmme de raison,
pour avoir voulu mentir. Il fut intimidé, et
avoua nettement qu'ils avaient soupé tous les
trois chez son maître la veille du crime; qu'ils
avaient chacun leur fusil, qu'ils étaient partis
avec la bande pour aller chez le maire; qu'il
avait même fait un bout de chemin avec eux,
mais qu'à l'entrée du bourg on l'avait ren-
voyé, en lui jetant des pierres, pour le forcer

de retourner au moulin plus vite. Cette déposition était d'autant plus accablante
qu'elle n'avait pas été faite spontanément;
de sorte que la présence des prisonniers en
armes sur le lieu du crime était péremptoi-
rement démontrée. A la vérité, on ne pouvait établir qu'ils avaient eux-mêmes porté
la main sur le malheureux Brossard, et nous
étions tous bien convaincus qu'ils n'avaient
coopéré à l'assassinat que par leur présence;
mais que pouvait faire leur avocat? L'acquittement était impossible, et la condamnation ne pouvait être qu'une condamnation
à mort ou aux travaux forcés.

Lorsque je fus voir M. Jourdan, qui était
chargé de la défense, je le trouvai très-décou-
ragé.

« Ils se prétendent innocents, me dit-il; ils

6

affirment qu'ils ont été menés par force dans la chambre de la victime et qu'ils ont lutté contre les assassins; mais c'est un système déplorable que je n'oserai même pas plaider. Avant de les avoir vus, je croyais pouvoir établir un alibi; je comptais sur leur jeunesse, sur leurs bons antécédents; mais leurs propos me cassent bras et jambes. Il est évident qu'ils sont coupables, et je ne pourrai éviter une condamnation. »

Tous mes efforts pour entrer dans la prison furent inutiles. On avait prévu que les écoliers demanderaient à voir leurs camarades, et des ordres avaient été donnés pour refuser toute permission. J'avoue que je me sentais l'âme bouleversée. Ce grand crime si près de moi m'effrayait. Je me demandais si l'on pouvait répondre de soi-même, après

avoir vu une transformation si complète et si
déplorable. J'essayais quelquefois de me dire
que le fanatisme politique était une excuse ;
mais ma conscience parlait aussitôt, et si
fort, que je rougissais d'avoir douté. Je me
sentais douloureusement affecté entre la
honte, l'horreur et un reste de pitié. Je
m'efforçais inutilement de retourner à mes
études, mon esprit était envahi par ce malheureux procès; j'en rêvais le jour et la nuit.
Quand même j'aurais pu l'oublier, j'avais
près de moi un spectacle qui me le rappelait
sans cesse; c'était la famille Nayl. Je la
voyais chaque jour. Ils n'avaient que moi
pour les visiter, je ne dis pas, grand Dieu!
pour les consoler.

Vers six heures du soir, je me trouvais
libre du travail de la journée; j'allais aus

sitôt à leur auberge. Je me souviens que je
hâtais toujours le pas pour y aller, dans
l'espoir d'apprendre du nouveau, et qu'arrivé au bas de l'escalier, j'y restais quelquefois un quart d'heure sans oser monter.
J'étais sûr de les trouver tous les trois; car
ils ne sortaient chaque jour qu'une heure
pour aller à la prison. Le père se tenait toujours,debout près de la fenêtre; Madame Nayl,
la mère, pleurait sur un tabouret au coin
du foyer. Pour la bru, je ne pourrai jamais
dire le respect et l'admiration qu'elle m'ins-
pirait. Ce n'était pas une héroïne de roman,
tant s'en faut; elle avait une figure assez
commune, de grosses mains habituées à
remuer la terre, à couler la lessive, à teiller
le chanvre. Elle portait le costume disgra-
cieux des filles de Saint-Allouestre et de

Saint-Jean-Brévelay, une longue coiffe de toile empesée, qui lui tombait toute roide jusqu'au milieu du dos, et une jupe de drap. Son esprit à l'avenant de sa personne, ni trop fin, ni trop grossier. Je présume qu'elle en savait assez pour mener une grosse ferme et gouverner une ou deux servantes. Mais ce qu'il y avait de grand en elle, c'était son dévouement et son courage. Après les premiers jours donnés aux larmes, elle avait compris que ces deux vieillards retombaient à sa charge comme deux orphelins, parce que Dieu, en les frappant, leur avait presque ôté l'esprit. Aussitôt, elle avait essuyé ses yeux et s'était mise à les soigner comme une bonne mère, à les nourrir, à les consoler. On voyait du premier coup, en entrant dans cette triste

6.

demeure, qu'elle seule vivait encore; les
deux autres auraient été vraiment des ca-
davres, sans l'atroce douleur qui les tortu-
rait. Pendant qu'elle travaillait sans relâche,
balayant, lavant, faisant la cuisine, elle
avait l'œil sur ses pauvres vieux. Tantôt
elle approchait une pipe toute bourrée des
lèvres de son père; tantôt, en passant auprès de la mère, elle lui jetait les bras autour du cou et mettait sur ses lèvres un
chaud baiser. Si M. Jourdan venait, car il
était bon, et dès qu'il avait une lueur d'espérance il accourait, Marion l'entendait
monter l'escalier tournant; elle allait à lui
et lui indiquait les paroles qu'il fallait dire
pour fomenter quelque espérance dans ces
deux cœurs; non pas assez d'espérance pour
les tromper, mais assez pourtant pour les

faire vivre encore quelques jours. Elle-même
n'était pas dupe, elle se sentait blessée à
mort ; mais elle faisait comme ces capitaines
qui rassemblent toutes leurs forces pour com-
mander la charge d'une voix ferme, sauf à
tomber roides morts quand une fois l'élan
est donné. Un point surtout où elle était
admirable, c'était dans sa conviction de l'innocence de son mari et de ses deux beaux-
frères. « Ils n'ont pas fait le coup, je vous
le dis. Ce qui m'étonne, disait-elle, c'est
qu'ils ne se soient pas fait tuer pour le
sauver; mais soyez sûrs qu'on les aura tenus
de force. Je connais mon homme, je connais les deux frères. J'en lève la main devant Dieu ! » Sa voix, son accent, quand
elle parlait ainsi, allaient à l'âme. Le vieux
disait quelquefois, mais en hésitant, parce

que son cœur et son malheur démentaient
sa doctrine : « Ils ont bien fait... » Alors
elle lui mettait la main sur la bouche.
« Taisez-vous, père, lui disait-elle, est-ce
qu'une femme ne connaît pas son mari ? Il
n'a jamais rien fait de semblable, aussi
vrai que j'espère le paradis. » Et elle allait
à sa mère : « Eh ! dites-le-lui donc, mère ;
rendez donc justice à votre sang. Ils en feront
peut-être des martyrs. — Et alors un sanglot
la prenait. — Mais c'est ce jour-là qu'on
verra un crime ! » Un jour que j'assistais à
une de ces scènes, elle s'aperçut que je
fondais en larmes. « Mais dites-le-lui
donc aussi, vous, me cria-t-elle, en me
serrant la main avec une force convulsive,
vous, leur ami, vous qui avez vécu avec
eux; vous qui avez prié le bon Dieu avec

eux, dites-le, qu'ils sont innocents! »

— Oui, m'écriai-je, car sa foi passait en moi; et en la voyant, je retrouvais dans ma pensée mes pauvres amis tels que je les avais connus, si purs, si naïfs, si bons, si éloignés de tout fanatisme; oui, je le crois, je le crois comme vous!

— « Et que Dieu soit loué! criait la pauvre femme. Et vous voyez bien, père, disait-elle; » et elle me jetait à lui. Mais le vieillard se détournait contre le mur, peut-être parce qu'il pleurait. Je sortais de là la tête en feu; tout mon sang brûlait. Il y avait un calvaire tout près, à la porte de l'église du Mené; je me jetais à genoux devant, sans me soucier de ceux qui passaient. Le monde m'était indifférent dans une telle douleur. J'entendais qu'on disait : « C'est l'ami des prison-

niers, » mais on n'y mettait pas de raillerie.
C'est un bon peuple; ils auraient plutôt
pleuré avec moi, s'ils avaient osé.

VI

Quand vint le jour de l'audience, je me promis d'être au premier rang, pour que les yeux des accusés pussent s'attacher sur moi. Guyomar devait se tenir prêt à courir chez le père au moindre incident. J'avais obtenu sans trop de peine de l'abbé Le Ber, qui malgré la différence d'âge était pour nous un ami, qu'il se promènerait toute la

journée devant la porte du séminaire, pour
accompagner Guyomar, si, comme cela n'é-
tait que trop présumable, il y avait à annoncer un malheur. On était au 17 décembre ;
il avait fait de la neige toute la nuit, et il
y avait du verglas par-dessus la neige.
L'audience était indiquée pour neuf heures ;
à huit j'étais au haut de l'escalier de la famille, l'oreille appliquée contre la porte.

« Entrez, nous sommes prêts, me dit la
voix de Marion. Je les trouvai tout habillés
et prêts à sortir.

— C'est tenter Dieu, m'écriai-je, que
d'amener là une mère. »

Mais on ne me répondit même pas. Le
père fit un grand signe de croix, et marcha
le premier ; les deux femmes suivirent en se
soutenant. Marion remonta vivement après

avoir déjà descendu deux marches ; elle prit
un chapelet qui pendait au mur et le mit
dans la main de la vieille mère. Je n'essayai
pas de résister ; je les suivis. Le prétoire était
comble et la foule regorgeait jusque dans la
cour ; mais on nous fit place, et nous arrivâmes jusqu'à la barre qui sépare le public
de l'enceinte réservée au tribunal. Le procureur du roi était déjà sur son siége ; il
pâlit en nous voyant, appela M. Jourdan,
et lui parla à l'oreille.

« Je vous comprends bien, dit M. Jourdan à voix haute, mais ni votre autorité ni
mes prières n'obtiendraient rien. »

Le procureur du roi fit un geste de rési-
gnation, et je suis sûr qu'il pensa en ce moment que jamais le devoir ne lui avait été si
dur. Quelques minutes après, il fit porter

7

des chaises par l'huissier, pour que les femmes fussent assises. Je les sentais trembler et tressaillir près de moi. On annonça la cour, et presque aussitôt les accusés furent introduits.

VII

Je ne me charge pas d'expliquer comment il se fait que ces deux longues audiences n'ont laissé dans mon esprit qu'un souvenir tout à fait confus, tandis que je me rappelle dans leurs moindres détails tous les autres incidents de cette triste histoire. Ferme-ment convaincu qu'un acquittement était impossible, et préférant pour mes amis

l'échafaud aux galères, j'assistais là comme
au commencement d'un long supplice, et non
comme à un procès. Les pauvres garçons
étaient pâlis et maigris par les soucis et la
captivité. Ils entrèrent pourtant avec assez de
fermeté ; mais quand ils virent à deux pas de
leur banc ces deux femmes et ce vieux père,
leur courage les abandonna. Jean-Louis put
tendre la main à sa femme, qui la couvrit
de larmes et de baisers ; ensuite il se retourna vers le tribunal, et je vis bien
qu'aucun d'eux ne voulait plus regarder de
notre côté.

Je ne prêtai nulle attention à la lecture
de l'acte d'accusation, qui ne pouvait con-
tenir que des faits malheureusement trop
connus ; mais M. Jourdan me dit à l'oreille
qu'il était rédigé avec une habileté funeste,

et que les dispositions du jury n'étaient pas
bonnes. Je m'aperçus, en effet, que pendant
la lecture de cette pièce, qui était fort
longue, les impressions de l'auditoire devenaient de plus en plus hostiles. Il n'y avait
là que des habitants de la ville, pour lesquels un chouan était un ennemi, et qui,
n'entendant parler depuis plus d'un an que
de vols à main armée, d'assassinats, d'in-
cendies, de bandes parcourant la campagne,
étaient animés du désir de mettre fin à ces
désordres par une répression sévère. Le
mouvement de pitié excité par la famille
des accusés à son entrée dans la salle fut
bien vite oublié quand on entendit les
émouvants détails de la mort de M. Brossard. Le procureur du roi s'était fait un devoir de raconter tout ce qui pouvait être

à l'honneur de la victime; c'était évidemment un honnête homme, généreux, loyal,
et qui pouvait justement passer pour le
bienfaiteur de sa commune. En dénonçant
les réfractaires, il n'avait fait que remplir
le devoir strict de sa place. N'était-ce pas
aussi le devoir d'un bon citoyen que de
combattre une rébellion si funeste au pays,
et qui, sous couleur de politique, n'était en
réalité qu'un brigandage? M. Brossard avait
poussé la modération jusqu'à ses dernières
limites, puisqu'il avait laissé aux coupables
un délai pour sortir du pays. Ce n'était
pas seulement de la modération; c'était de
la faiblesse. Cependant, ils étaient allés le
surprendre dans son sommeil; ils l'avaient
pour ainsi dire haché en morceaux, car
l'acte d'accusation comptait les plaies, et

cet acharnement des meurtriers faisait frémir. On se rappelait avec horreur ce couteau planté dans la poitrine du mort avec une proclamation, et on se demandait où s'arrêterait la témérité des assassins.

L'interrogatoire fut écouté avec une malveillance manifeste. Jean-Louis, l'aîné, qui répondit le premier, déclara nettement qu'il n'avait pas pris part à l'assassinat, qu'il s'était même efforcé de l'empêcher, mais qu'on l'avait solidement tenu, lui et ses frères, dans un coin de la chambre, pendant que le crime se consommait. Le président remontra combien ces allégations étaient invraisemblables. « Pourquoi, s'ils étaient opposés à l'assassinat, avaient-ils accompagné les assassins? — On les y avait forcés. — Dans quel but? — Impos-

sible de le dire. — Mais quand on va faire
un mauvais coup, on ne mène pas avec soi
des gens tout exprès pour servir plus tard
de témoins. — A cela l'accusé ne répon-
dait pas. — Vous êtes tous les trois vi-
goureux; Brossard était d'une force extra-
ordinaire. Si vous aviez lutté, vous auriez
au moins servi à donner l'alarme. Un assassinat est impossible au milieu d'un bourg,
même par une bande, en présence de
trois hommes déterminés. » Point de réponse. Quand ce fut le tour du jeune frère,
et qu'on lui demanda pourquoi, au lieu de
rejoindre son régiment, il s'était jeté dans
la bande des réfractaires, il se troubla et ne
répondit pas.

« Est-ce votre père qui vous a donné ce
conseil?

— J'ai fait comme les autres, répondit-il ; mais pour l'assassinat, ni moi ni mes frères n'y avons trempé ; nous nous serions fait tuer pour l'empêcher.

— Taisez-vous, dit impérieusement le président, au moins pas d'hypocrisie. »

On fit entendre plusieurs témoins pour démontrer que les frères Nayl étaient depuis huit jours avec les réfractaires du canton de Saint–Jean-Brévelay ; qu'ils avaient accompagné la bande à Kerdroguen, et soupé chez le meunier, et qu'enfin ils étaient entrés avec les autres dans la maison du maire.

Ces dépositions, qui portaient sur des faits connus et avoués, n'offraient aucun intérêt. Les voisins attestèrent qu'ils n'avaient rien entendu, ce qui prouvait qu'il n'y avait pas

7.

eu de lutte. De la maison située en face de
celle de M. Brossard, on avait vu de la lumière dans sa chambre, et l'ombre de plusieurs personnes ; mais on n'y avait pas pris
garde, parce qu'il était naturel qu'il confé-
rât cette nuit-là avec les soldats et les gendarmes. Une déposition terrible fut celle du
médecin. Il dit que, selon toutes les proba-
bilités, Brossard avait été fortement saisi
aux quatre membres, et qu'on l'avait ainsi
assassiné sans qu'il pût essayer de se défen-
dre. Il avait reçu dix-huit coups de couteau,
dont les plaies étaient horribles. Les assassins s'étaient acharnés sur son cadavre, car
il avait dû mourir après les premiers coups.
Ces détails produisirent un tel effet, que
l'audience ayant été levée en ce moment,
après une journée fatigante, le président

crut devoir prendre des mesures pour empêcher l'escorte des prisonniers de traverser
les groupes. L'agitation durait encore le
lendemain dans la salle, et l'on se répétait
tout haut les détails de la déposition du
médecin avant l'entrée de la cour. Il n'y
avait plus à entendre que les témoins à décharge et les plaidoiries. M. Jourdan avait
passé plusieurs heures avec les accusés après
l'audience de la veille, et l'énergie de leurs
protestations avait fini par triompher de
ses doutes ; mais il me dit avec accablement, que toutes les convictions étaient
faites, et qu'il fallait accoutumer la famille
à l'idée d'un recours en grâce. Le principal témoin à décharge était le vénérable curé de Saint-Allouestre, vieillard de
soixante-seize ans, qui émut un instant

l'auditoire par la chaleur de ses protestations.

« Les croyez-vous capables d'une méchante
action ? disait M. Jourdan ; capables d'un
assassinat ? »

Mais quand le témoin avait répondu à ces
questions, le procureur du roi lui demandait
quelles étaient les opinions de la famille.
Le père des accusés n'était-il pas ce même
Nayl qui, en 1802, avec Sapinaud et l'abbé
Moisan, avait réussi à jeter sur la côte de
Saint-Gildas dix mille fusils envoyés par les
Anglais ? N'avait-il pas gardé pendant
trente ans, pendue dans sa maison, à côté
de son crucifix, l'épée d'un capitaine de
volontaires qu'il avait tué de sa propre
main ? Un tel homme, après avoir poussé
ses fils à se faire réfractaires, ne pouvait-il

pas leur avoir soufflé l'idée de l'assassinat?
Le curé lui-même n'avait-il aucun repro-
che à se faire? Depuis la révolution, on
ne chantait plus le *Domine salvum* à la paroisse de Saint-Allouestre. Pas un des jeunes conscrits des deux dernières années
n'avait rejoint son régiment. L'évêque lui
en avait écrit. Et qu'avait-il répondu à son
supérieur ecclésiastique, à son père spiri-
tuel? « Je ne puis condamner une conduite
que j'aurais tenue si j'étais à leur âge. Je
ne puis conseiller de prêter un serment que
je ne prêterais pas, si on me le demandait. »
La pièce était au dossier. Le curé avait
poussé l'aveuglement jusqu'à prêcher l'in-
surrection en termes à peine couverts.
N'avait-il pas, un dimanche, après le
prône, récité tout haut, sur les marches de

l'autel, un Pater et un Ave Maria pour *nos braves jeunes-gens ?* Personne ne s'y était trompé... »

M. Jourdan voulut intervenir; mais le procureur du roi prit le témoin à partie, et lui parla sévèrement de ses devoirs et de la responsabilité qu'il encourait. Les débats étaient terminés. Avant d'en prononcer la clôture, le président s'adressa aux trois frères, et leur rappela qu'aucun témoin n'avait appuyé la supposition invraisemblable sur laquelle était fondée leur défense :

« Je vous répète, ajouta-t-il, ce qui a été dit dans l'instruction : s'il est vrai que vous soyez les victimes des assassins et non leurs complices, ils sont vos plus cruels ennemis, et vous ne leur devez aucun ménagement. Il vous est facile de mettre la justice sur leurs

traces. Ce sont vos seuls témoins à décharge,
il ne peut y en avoir d'autres. Votre obstination à ne pas les dénoncer sera relevée contre
vous comme une preuve que vous n'attendez
rien de leur témoignage. Jean-Louis, dit-il
en s'adressant à l'aîné des frères, vous avez
une jeune femme que vous aimez... Je vous
indique le seul moyen de vous sauver..., »

Marion s'était levée convulsivement en
entendant prononcer son nom. Son mari se
leva aussi. Sa figure devint rouge, puis toute
pâle. Il ouvrit la bouche, comme s'il allait
parler; mais il resta muet. Ses deux frères
s'étaient levés à demi en se tournant
vers lui. Il regarda Marion, qui avait l'air
d'une morte; mais elle dit à demi-voix, de
manière à être entendue jusqu'aux siéges
de la cour :

« Plutôt mourir ! »

Son mari se retourna vers la cour, et dit d'une voix assurée :

« Je n'ai rien à dire ; je suis innocent ! »

Les plaidoiries ne pouvaient être longues. La délibération du jury ne dura que quelques instants ; et la cour ne tarda pas à rapporter un arrêt portant trois condamnations à la peine de mort. Je m'étais épuisé en vains efforts pour emmener les parents. Le président lui-même les avait fait conjurer de se retirer ; mais ils restèrent jusqu'au bout. A les voir à ce dernier moment, on aurait dit que leur raison était égarée.

VIII

Il faisait nuit depuis longtemps ; le fond de
la salle était assez obscur, et la foule s'écoulait
avec lenteur. Les huissiers s'empressèrent
avec beaucoup d'humanité de nous ouvrir une
communication intérieure ; mais Marion voulait embrasser son mari ; elle me tirait avec
une telle force, que je fus contraint de la sui-
vre. Quand nous entrâmes dans la cour, les

condamnés descendaient par une autre porte,
environnés de gendarmes. Marion fendit la
foule et se jeta au cou de son mari. Comme il
avait les menottes aux mains et que son
émotion le faisait défaillir, il fut soutenu
par un vieux brigadier de gendarmerie, dont
une grosse larme mouilla la moustache.

La mère s'approchait aussi toute trem—
blante pour embrasser ses enfants; mais
M. Jourdan fut au-devant d'elle en me criant
de ramener Marion ; et il leur fit comprendre,
non sans peine, qu'il valait mieux aller à la
prison et éviter la foule. Un huissier arrivait
dans le même moment porteur des mêmes
instructions de la part du président des assises. Il était chargé de dire à la famille que
tout accès lui serait donné auprès des prisonniers, et que, s'ils se décidaient à signer

une demande en grâce, la cour tout entière l'apostillerait. Nous revînmes par les petits murs, afin d'éviter la foule. Arrivés dans la chambre, le père se mit à genoux, les deux femmes s'agenouillèrent aussi derrière lui, et il récita tout haut le *De Profundis*, les femmes répondant à chaque verset. La prière finie, Marion se leva et me dit qu'elle allait aider sa belle-mère à se mettre au lit; que pour elle et le père, ils passeraient la nuit à prier. Puis, en me serrant la main, elle ajouta:

« On vous laissera peut-être entrer ce soir. »

Je la compris, et je sortis aussitôt. Je ne pouvais pas parler, parce que les larmes me suffoquaient. D'ailleurs, que leur aurais-je dit? Je marchai dans la neige et tête nue jus-

qu'à la prison. Le froid glacial qu'il faisait
apaisait un peu le mouvement de mon sang.
Le concierge m'introduisit sur-le-champ, en
me disant que M. Jourdan était avec eux.

« Eh bien, m'écriai-je en entrant, car je
n'avais qu'une seule pensée, avous-vous signé
votre appel ? »

Ils ne me répondirent rien, et restèrent
immobiles, l'œil fixe, le visage en feu.

« Parlez-leur, » me dit M. Jourdan, dont
la voix me fit tressaillir.

Je portai les yeux sur lui, et je m'aperçus
qu'il pleurait.

« Voilà plus d'une heure, me dit-il, que
je les supplie d'en appeler. Cet appel nous
donnera plusieurs mois; on fait beaucoup
avec du temps. Il suffit que quelqu'un de la
bande soit arrêté, pour que leur innocence

devienne évidente. Car j'y crois, dit-il avec explosion et en se levant, j'y crois invinciblement à cette heure ; et s'ils meurent, ils emportent pour toujours ma paix avec eux. Mais vous les voyez tels qu'ils sont depuis le jugement, immobiles comme des statues. J'ai prié, j'ai supplié, je me suis mis à genoux devant eux ; j'ai parlé de leur père et de leur mère, de la femme de Jean-Louis, de moi-même : je leur ai dit tout ce que j'ai pu imaginer, rien ne les remue. Mais, malheureux ! dit-il en retournant à eux et en secouant le plus jeune des frères, c'est un crime que vous faites là ! »

Et changeant tout à coup de sentiment :

« Au nom de Jésus-Christ, dit-il, au nom de votre père et de votre mère ! par pitié pour moi... ! »

Et il lui embrassait la tête et les mains, qu'il couvrait de larmes. Cela dura long-temps avec un emportement d'effroi et de compassion que je ne puis dire. Enfin Yvonic se leva :

« Il n'y a pas de justice, dit-il d'une voix rauque. Il vaut mieux mourir tout de suite. »

Nous n'obtînmes pas d'autres paroles. On vint nous dire qu'il fallait les quitter jus-qu'au lendemain. Alors Jean-Louis me dit tout bas :

« Que fait-elle ?

— Elle compte que vous en appellerez, lui dis-je. Ce sera pour tous le coup de la mort si vous vous obstinez.

— A la grâce de Dieu ! dit-il ; mon parti est pris. »

Quand je me trouvai dehors avec M. Jour-

dan, il me sembla que tout tournait autour
de moi. Il me donna rendez-vous chez lui le
lendemain matin à huit heures.

Nous avions résolu de retourner de bonne
heure à la prison, et d'y mener avec nous
toute la famille pour obtenir enfin la liberté
d'agir. Nous trouvâmes le père et la fille
assis sur des escabeaux devant un feu éteint,
qu'ils ne songeaient pas à rallumer. Ils
avaient passé la nuit là, immobiles et silencieux. Le père se leva, et fut serrer avec
force la main de M. Jourdan. « Ne me re-
merciez pas encore, Nayl, lui dit-il. Je n'ai
pas fini. J'espère que je les sauverai; mais
il faut qu'ils m'y aident. » La figure du
vieillard resta morne, et je vis qu'il n'avait
aucune espérance. « La vieille devient folle, »
nous dit-il d'un air d'accablement. Et,

en effet, j'appris de Marion que sa belle-
mère paraissait avoir perdu le sentiment de
ce qui se passait. Pour elle, elle était active
et déterminée ; et l'on voyait que l'espoir
survivait en elle avec la ferme résolution
d'agir. Quand nous l'eûmes mise au courant
de ce qui s'était passé dans la nuit, et que
nous lui parlâmes d'essayer de les attendrir :
« C'est bien inutile, dit-elle, puisque leur
parti est pris. Mais si le juge leur disait lui-
même qu'il faut appeler, peut-être change-
raient-ils. » Ce fut pour nous un trait de
lumière. Ces quelques mots nous donnaient
le secret de l'obstination des trois frères
qui ne croyaient plus à la justice humaine,
et ne voulaient plus disputer leur vie, moitié
par découragement, moitié par indignation.
Nous courûmes en toute hâte chez le pro-

cureur du roi. « Que voulez-vous? dit-il à
M. Jourdan. Je ferai tout pour seconder vos
efforts. Quoique la condamnation soit juste,
la pensée de voir ainsi mourir, dans la
force de la jeunesse, ces trois hommes dont
la vie a été pure jusqu'ici, me bouleverse. Je
ne puis signer la demande en grâce ; mais
quand mon rapport me sera demandé, je
puis vous dire d'avance qu'il sera favorable à
une commutation. —Une demande en grâce !
s'écria Jourdan. Eh, monsieur, ils ne veulent
pas même en appeler. Ils veulent mourir
tous les trois ; ils ne nous écoutent pas, ils
n'écoutent pas leur famille. Mais, monsieur
Hervo, dit-il, nous ne sommes plus au tribunal, je ne plaide pas ici ; vous avez devant vous un vieil ami, dont vous connaissez
la loyauté, et dont vous estimez le bon sens.

8

Écoutez bien ce que je vais vous dire : ils sont
innocents tous les trois ! » Il prononça ces
derniers mots avec une grande énergie, et les
larmes lui vinrent aux yeux. M. Hervo voulut
en vain reprendre les preuves qu'il avait
développées devant la cour ; Jourdan l'inter-
rompit, et, avec une animation extraordi-
naire et une éloquence que je n'ai depuis
jamais retrouvée dans personne, il commença
un plaidoyer dont la force fut irrésistible. Il
parla des confidences qu'il avait reçues, de
ses visites à la prison ; il dit tout, jusque
dans le plus grand détail ; il montra la no-
blesse, la droiture de ces trois belles âmes.
Ce n'étaient pas des raisons qui eussent
triomphé devant un tribunal ; mais là, à cette
heure solennelle, il était impossible de ne
pas subir l'influence de cette parole enflam-

mée, de cette conviction absolue. M. Hervo
fut ému d'abord, puis troublé. Ses scrupu-
les s'éveillèrent ; et dès qu'il y eut un doute
dans son esprit, il devint plus ardent que
Jourdan lui-même pour obtenir une décla-
ration d'appel. A peine son ami avait-il fini
de parler, que nous le vîmes se diriger vers
la porte ; nous le suivîmes plutôt que nous
ne l'accompagnâmes. De temps en temps,
il s'arrêtait pour nous jeter une question ;
nous avions réponse à tout ; il n'était pas
convaincu cependant, mais il doutait ; et,
pour cette conscience délicate, le doute,
dans un pareil moment, était déjà un
remords. Nous trouvâmes les trois condamnés encore réunis ; car M. Hervo avait voulu
qu'on leur laissât cette consolation.

« Messieurs, leur dit-il en entrant, je

viens vous dire que M. Jourdan m'effraye.
Je vous ai poursuivis avec sécurité pour ma
conscienee ; mais, ce matin, il me fait trembler. Si vous êtes innocents, vous ne pourrez
pas marcher à l'échafaud, ce serait me rendre
responsable de votre mort devant Dieu. Depuis vingt ans que je suis juge, je n'ai jamais
eu d'autre volonté que d'accomplir courageu-
sement, strictement mon devoir. J'ai été
jusqu'ici en repos avec moi-même. La pensée d'une erreur judiciaire me fait frémir.
Jourdan, dit-il, préparez l'acte. Vous l'avez ?
donnez une plume. Signez, dit-il à Yvonic
d'un air plein de dignité et d'autorité. »
Yvonic n'hésita pas. Le langage, l'attitude
de cet honnête homme, l'avaient réconci-
lié avec la société ; il avait compris que la
justice pouvait se tromper, mais qu'il y avait

une justice. C'était celui qui devait être prêtre; et quoiqu'il ne fût pas l'aîné, il avait autorité sur toute la famille. Ses deux frères signèrent après lui. A peine le pourvoi fut-il formé, qu'ils devinrent d'autres hommes. Au lieu de cet air concentré et révolté qu'ils avaient depuis la veille, nous les vîmes pleins d'inquiétude et de découragement. M. Hervo était sorti sur-le-champ; nous fîmes tous nos efforts pour leur rendre le courage.

« Mais tout est contre nous, disaient-ils. Nous serons condamnés de nouveau. Nous n'aurons gagné que de prolonger notre agonie. »

Nous ne pouvions pas partager leur découragement dans ce premier moment. Heureux d'avoir triomphé de l'obstacle qui

8.

nous arrêtait depuis la veille, nous nous
laissions aller à ce sentiment de délivrance
qui suit toujours un succès de ce genre;
mais les jours suivants, le désespoir nous
reprit à notre tour. Le jugement fut cassé
pour je ne sais plus quel défaut de forme;
nous nous en réjouissions comme d'un sur-
sis, sans oser ni les uns ni les autres
penser au lendemain. Marion était admirable; partageant sa vie entre sa mère,
à moitié folle, son vieux père et son mari;
toujours active, soignant tout le monde
avec autant de zèle que dans les meilleurs
jours, ne laissant pas voir ses secrètes angoisses, et ne succombant jamais au découragement. J'étais allé avec elle à Saint-
Allouestre, à Kerdroguen, à Bignan. Nous
avions interrogé tout le monde. Partout

nous trouvions les plus vives sympathies;
mais aucun témoignage, pas un mot, pas un
fait, qui pût changer le caractère du procès
et autoriser nos espérances. Nous retour-
nâmes une seconde fois à Bignan après la
cassation ; mais nous sentîmes à ce second voyage que l'opinion s'était retournée
contre nous. Quinze jours auparavant,
on ne voyait que notre malheur, et tout le
monde le jugeait irrémédiable. A présent
qu'un nouveau procès devenait nécessaire,
on ne pensait plus uniquement aux condamnés; on comprenait la nécessité de sauver les
autres. Marion n'avait-elle pas elle-même
obéi à ce sentiment, quand elle avait dit à
son mari en pleine cour d'assises : « Plutôt
mourir que de se faire dénonciateur ? » On
lui rappelait ces belles paroles, en l'acca-

blant d'éloges qui maintenant lui faisaient
des blessures mortelles. Les grands politiques (il n'en manque pas, même parmi les
ignorants et les simples) reprochaient à nos
amis d'avoir repoussé la responsabilité de
l'assassinat. Ils croyaient fermement à leur
culpabilité et leur en faisaient un titre de
gloire ; mais semblables à plus d'un sectaire,
se sentant bien à l'abri de toutes pour-
suites, ils déclaraient avec un emportement
qui n'était pas sans une sorte d'éloquence
sauvage, qu'il y avait de la lâcheté à désa-
vouer sa conduite, ses amis et ses principes,
pour éviter le supplice. Marion ne s'irritait
pas quand on injuriait ainsi les condamnés.
Elle ne discutait pas. Elle se contentait de
dire qu'ils n'avaient pas fait le coup et que
par conséquent, il ne fallait pas les laisser

mourir. Si je laissais paraître mon indignation, elle me regardait avec étonnement
et me priait de me calmer. Nous faisions
quelquefois jusqu'à huit lieues de pays dans
le même jour, parce que nous allions de
préférence dans les métairies isolées, où
nous avions plus de chances de rencontrer
les réfractaires. Marion marchait toujours
devant, sans dire une parole, tenant à la
main ses souliers qu'elle ne mettait que
quand nous entrions dans un presbytère.
Les refus de nous aider devenaient de plus
en plus durs, à mesure que le temps s'écoulait, parce que le mot d'ordre avait été
donné. Le recteur de Saint-Allouestre, qui
avait été un des témoins à décharge, nous
dit avec amertume que Marion était plus à
craindre pour les réfractaires, qu'une com-

pagnie de gendarmes mobiles. Elle se mit à
pleurer sans répondre. On ne nous accueil-
lait plus qu'en nous disant : « Vous voilà
encore? » Il y eut même des menaces. Je lui
conseillai de rentrer à Vannes. « Vous re-
tournerez si vous voulez, monsieur Jules,
me dit-elle de sa voix douce; mais il faut
que j'aille jusqu'au bout. » Les femmes, en
général, lui montraient moins de mauvais
vouloir. La mercière de Saint-Jean-Brévelay
nous révéla en tremblant l'existence de trois
cachettes creusées dans la lande du Ménéhom
au temps de la première chouannerie, et
dont on ne livrait le secret qu'aux initiés.
Elle nous dit qu'il y aurait du danger pour
nous à y aller. Nous les visitâmes l'une
après l'autre; nous passâmes plusieurs
heures tapis dans la troisième : personne ne

vint. Une autre femme nous avertit, après
nous avoir fait jurer le secret, que Jean
Brien avec plusieurs réfractaires se cachait
dans les mines de Locmaria. C'était notre
dernière espérance, car il y avait à peine
une maison dans tout le pays que nous
n'eussions visitée. La route était longue ;
Marion, quoique évidemment épuisée, la fit
presque en courant. Nous arrivâmes vers le
milieu du jour. Locmaria n'est ni un bourg
ni un village; c'est une abbaye en ruines
auprès de laquelle se tient chaque année
une foire célèbre. Je connaissais tous les
détours de ces ruines, les escaliers de pierre
qui montaient à la hauteur de cinq étages
et aboutissaient tout à coup dans le vide,
les caveaux et les longs couloirs souterrains
interrompus par des éboulements. Nous

mîmes plusieurs heures à les parcourir.
C'était une de ces grandes abbayes, où venaient autrefois s'ensevelir les filles nobles,
et qui ressemblaient plutôt à un palais qu'à
un monastère. Nous trouvâmes dans une espèce de cloître souterrain des lits de fou-
gère encore fraîche et des traces de feu ré-
cemment éteint. Il n'y avait plus de doute ;
ceux que nous cherchions venaient là ;
c'était un de leurs repaires ; mais là, comme
dans les landes du Ménéhom, notre présence ne suffirait-elle pas pour les écarter ?
Marion sortit des ruines avec moi, me suivit
jusqu'à Plumelec (il n'y a qu'une demi-
lieue), et m'avertit qu'elle retournerait seule
à Locmaria dans la nuit en passant par les
prés pour ne pas être rencontrée. Je lui dis
que je ne la laisserais pas aller seule, qu'il

fallait craindre un mauvais coup. « Il n'y aurait de danger, me répondit-elle, que si j'étais défendue. » Je compris qu'elle avait raison. Elle s'en fut, comme elle l'avait dit, à la nuit tombante. Je sentais si bien notre situation dans le pays que je tremblais de ne plus la revoir. Je la suivis à distance, en prenant toutes les précautions possibles pour n'être ni entendu ni aperçu. L'entrée de l'escalier était dans la chapelle, derrière le maître-autel. Elle se tint assise sur la première marche, depuis neuf heures jusqu'à minuit, dans les ténèbres épaisses. Vers minuit, elle entendit marcher avec précaution parmi les décombres. Elle retint son souffle; il fallait marcher sur elle pour descendre à l'étage souterrain. Tout à coup il y eut un chuchotement à quelques pas,

9

et plusieurs personnes, qui cessèrent de
prendre des précautions, rebroussèrent chemin avec rapidité. Elle se leva alors en se
nommant, en appelant par leurs noms Jean
Brien, Le Pridoux, tous ceux qu'elle connaissait. On lui cria de loin qu'on n'avait
rien à lui dire, que ses recherches compro-
mettaient tout le monde, que si on nous re-
trouvait, elle et moi, on tirerait sur nous
comme sur des bleus. Elle suivit en courant
ceux qui la fuyaient, tant qu'elle put les entendre. Ils lui tirèrent un coup de fusil,
probablement pour l'effrayer, et se mirent
ensuite à courir dans la crainte d'avoir attiré les gendarmes. Je n'étais plus qu'à
quelques pas : « C'est moi, Marion, » lui dis-
je. Elle comprit cette fois que tout était
perdu. Je tirai d'elle ce récit par morceaux

le lendemain, en revenant à Vannes. Elle ne
cessait de répéter : « Je n'ai rien pu ! je n'ai
rien pu ! » Pour moi, qui n'étais pas autant
qu'elle absorbé par une pensée unique, je
sentais à ce dernier moment moins de découragement que de colère. Ainsi ces trois
innocents allaient mourir ! Ces hommes que
nous avions tant cherchés, qui nous avaient
fuis, qui peut-être avaient voulu nous tuer,
les savaient innocents, et, par peur, les
laissaient sous le couteau ! Tout ce peuple,
ces femmes, ces prêtres, ces vieillards
prenaient parti contre les innocents pour
les coupables ! J'étais bien près de dire
comme mon pauvre Yvonic, le jour de sa
condamnation : « Il n'y a pas de justice ! »
Nous revînmes à pied, car la fatigue ne
nous faisait pas. peur, et nous n'étions

pas assez riches pour avoir. des chevaux.
La première chose que nous apprîmes, en
arrivant, fut l'arrestation de Le Pridoux et
de Jean Brien.

———

IX

La vie est faite d'une si étrange étoffe, que trop souvent le malheur des uns fait la joie des autres. « Je ne leur veux pas de mal, dit Marion, quoiqu'ils nous en aient fait beaucoup. Je n'ai pas voulu pousser Jean-Louis à les dénoncer. A présent, j'espère qu'ils auront pitié de lui et de ses frères, puisqu'ils peuvent les sauver sans se faire plus de tort. » Quoiqu'elle fût à moitié rendue de fatigue, elle voulut sur-le-champ aller aux renseignements pour savoir ce qu'ils avaient pu déjà révéler. Nous eûmes à traverser presque toute la ville pour nous rendre chez M. Jourdan. Plusieurs personnes qui connaissaient Marion, et qui admiraient son dévouement modeste, l'arrêtèrent pour la féliciter. « Oui, oui, disait-elle, j'espère que le bon Dieu aura pitié de nous à la fin. » Par malheur, M. Jourdan n'avait rien de bon à nous apprendre. « Je les ai vus avant-hier et ce matin, nous dit-il, et, entre nous, ce sont de véritables brigands. Ils essayent à présent de faire montre de leurs principes politiques, quoiqu'il soit aisé de voir que la politique n'a jamais été pour eux qu'un prétexte. Un parti est bien malheureux d'être invoqué par de tels hommes; mais c'est une honte et une douleur qui n'ont jamais été épargnées aux vaincus dans toutes les opinions. » Je trouvais mon vieil ami bien diffus ce matin ; Marion ne comprenait rien à tous ces beaux discours ; elle tournait alternativement ses yeux étonnés sur moi et sur M. Jourdan : mais il ne sortait pas de ses lieux communs. Je ne tardai pas à m'apercevoir qu'il ne voulait pas s'expliquer devant elle.

« Vous la jugez mal, lui dis-je alors ; il faut la traiter sans ménagements ; elle est aussi forte pour supporter le malheur, que tendre et généreuse pour consoler celui des autres.

— Eh bien ! ma chère enfant, dit M. Jourdan, qui lui prit les mains et les serra, ils ne font qu'aggraver la position de nos amis.

Ils se vantent tout haut du meurtre de Brossard, et accusent votre mari et ses deux
frères de leur avoir prêté main-forte. »

Marion ne laissa paraître aucune émotion.
Elle se leva, prit sa mante et se dirigea vers
la porte.

« Vous allez à la prison, lui dit M. Jourdan ; mais vous ne pouvez plus vous traîner.
Prenez au moins un verre de vin.

— Je le veux bien, dit-elle, car c'est vrai
que je n'en puis plus ; et voilà monsieur (en
me montrant) qui n'est pas habitué à la dure
comme moi et qui doit être encore plus malade. »

La pauvre femme suivait son instinct en
pensant d'abord aux autres ; mais j'avais
alors une inquiétude par-dessus toutes celles
qui me torturaient, et celle-là me venait

d'elle. J'avais remarqué le déclin de ses
forces à ce dernier voyage ; je savais que la
famille avait mis la clef sous la porte pour
venir à Vannes attendre l'issue du procès,
et je me demandais de quoi on vivait depuis deux mois rue du Mené. Pour Marion, ce n'était pas son mari qu'elle allait
voir : elle allait au plus pressé, c'est-à-
dire à ceux qui pouvaient leur sauver la
vie à tous. Je ne l'accompagnai que jusqu'à la porte, car elle me dit qu'ils seraient
peut-être moins en défiance et plus généreux avec elle si elle était seule. Elle revint
au bout d'une demi-heure ; elle avait les
yeux rouges et gonflés, et ne me dit rien.
Quand nous passâmes devant la croix du
collége, elle se signa, et me dit à demi-
voix : « Ce sont des païens. » Ce résultat de

9.

tant d'espérances et de tant d'efforts me fit
froid au cœur. J'entrai avec elle chez ses.
parents. La mère était dans son lit, d'où
elle ne sortait-plus. Le vieux père était sur
son escabeau, à sa place ordinaire. Il tourna
vivement la tête vers elle sans prononcer
une parole ; mais ses yeux parlaient. Marion
baissa les siens ; il reprit son attitude morne
et ne fit plus un mouvement. Marion fut
droit au lit et arrangea avec soin les cou-
vertures. Puis elle se mit à balayer, et vint
enfin s'asseoir sur l'autre escabeau, à l'autre
coin de la cheminée, avec sa quenouille.
Pendant ce temps-là, j'avais fureté de tous
côtés avec la liberté de l'amitié, et j'avais
acquis la certitude que le pain et l'argent
manquaient. « Oui, c'est vrai, me dit-elle ;
car elle s'aperçut, quoique je n'eusse rien

dit, que j'avais découvert sa position. Je
ne puis gagner que six sous par jour en
filant, et quand je ne suis pas là, les pauvres
vieux manquent de tout. Dites en passant
chez le boulanger que vous répondez pour
nous. Vous ne perdrez pas votre argent,
monsieur Jules ; car, *après tout ceci*, nous
vendrons la maison là-bas, et nous vous
payerons de vos avances.

— Je vous enverrai aussi de quoi faire
une soupe pour la malade, Marion, » lui
dis-je.

Elle regarda sa belle-mère.

« Nous autres paysans, dit-elle, il nous
suffit d'avoir le pain assuré. Ainsi, faites ce
que je vous dis et rien de plus. Cela vaudra
mieux pour notre cœur. »

Comme je descendais le noir escalier, j'en-

tendis la pauvre folle qui appelait ses enfants: «Yvonic, disait-elle, mon Jean-Louis!»
Je m'arrêtai un instant; la voix du père
s'éleva, récitant une prière....

———

X

Je ne vous dirai pas les jours qui suivirent, ni tous les incidents de la procédure nouvelle qui s'instruisit. La mort de Brossard n'était qu'un incident dans le procès de Le Pridoux et de Jean Brien, car on relevait contre eux deux autres assassinats. Ils persistèrent jusqu'à la fin à soutenir que les frères Nayl avaient accompagné la bande

volontairement chez Brossard, qu'ils avaient
su ce qu'on y allait faire, et qu'ils avaient
assisté en armes à l'exécution. Quand ils furent mis tous en présence, les Nayl repous-
sèrent ces déclarations avec la plus grande
énergie; ils soutinrent que les réfractaires
leur avaient complétement caché leur des-
sein; que quand ils purent soupçonner un
crime, ils firent tous leurs efforts pour s'y
opposer, et que même au moment où l'on
porta le premier coup à Brossard une lutte
s'engagea entre eux et les assassins. Jean-
Louis montra les traces de deux écorchures
assez graves, qu'il affirma lui avoir été faites
pendant la lutte; mais ils furent bâillonnés,
garrottés, réduits à être spectateurs impuis-
sants du crime. Depuis ce moment, ils er-
raient au milieu des autres, plutôt comme

des prisonniers que comme des compagnons,
et menacés d'être tués à la première tentative d'évasion. Yvonic raconta dans les plus
grands détails comment ils étaient parvenus à
s'enfuir dans une alerte, et à se réfugier dans
une hutte de charbonniers, où la gendarmerie les avait arrêtés dès le lendemain. Ce récit,
dans lequel les trois frères n'avaient jamais
varié, et qu'ils faisaient tous les trois avec
l'air et le ton de la vérité, faisait impres-
sion, malgré son invraisemblance, sur
l'esprit du magistrat instructeur. Les causes
avaient été séparées, et les Nayl devaient
être jugés aux assises du Calvados, mais
on les retenait à Vannes parce qu'ils étaient
nécessaires à l'instruction de l'autre procès. On n'abandonnait pas l'espoir d'arriver
à quelque découverte qui fût dans leur

intérêt. Le procureur du roi avait fait partager sa sollicitude à tout le tribunal, et je puis même dire à toute la ville. On pensait généralement que les jurés de Caen prendraient en considération la condamnation de Le Pridoux et de Jean Brien, les angoisses d'une condamnation à mort, les longueurs d'une seconde procédure, la jeunesse, les bons antécédents des frères Nayl, et ce fait, désormais acquis, que le meurtre de Brossard n'avait pas été commis directement par eux, que leur crime, s'ils étaient criminels, n'était que d'avoir assisté en armes à l'assassinat. S'il ne sortait pas de ce nouveau procès une condamnation capitale, le roi pouvait faire grâce de la peine des galères. Échapper aux galères et à la mort, c'était désormais toute notre espé-

rance; car la négation obstinée de Le Pridoux et de son complice nous faisait perdre
l'espoir d'un acquittement. Lorsque les frères Nayl furent entendus à l'audience de la
cour d'assises de Vannes, le public écouta
leurs paroles avec anxiété. Tous les yeux
se tournaient vers les accusés, et leurs dénégations excitaient dans toute la salle des
murmures. Le vénérable M. Le Gall, qui pré-
sidait, les conjurait avec larmes de dire la
vérité. Tout l'intérêt était pour les condamnés de la veille, dont on commençait à es-
pérer l'acquittement, tandis que tout le
monde, sans distinction de parti, voyait avec
dégoût les nouveaux accusés; mais leur réponse fut constamment la même. Ils répé-
tèrent que les frères Nayl étaient allés de
leur plein gré, et en pleine connaissance de

cause, dans la chambre du malheureux
Brossard; que la lutte dont ils parlaient était
une fable sans vraisemblance ; que les
réfractaires avaient résolu d'un commun
accord, au souper, chez le meunier de Kerdroguen, de frapper un grand coup pour
intimider les délateurs; qu'ils plaignaient
sincèrement les Nayl, mais qu'ils ne pouvaient pas mentir pour les sauver. Ces paroles, prononcées avec une imperturbable
assurance, déroutèrent toutes les conjectu-
res. L'arrêt fut prononcé dans la soirée, et,
dès le matin, une voiture fermée, escor-
tée de gendarmes, emmena les frères Nayl
dans la prison de Caen.

Le Pridoux et Jean Brien laissèrent passer
le délai de l'appel, de sorte que, trois jours
après leur condamnation, le bruit se répan-

dit dans la ville que l'exécution aurait lieu
le lendemain. Je me rendis aussitôt chez
Marion, pour la déterminer à quitter Vannes
sur-le-champ. Je vis en arrivant à la porte
une table couverte d'une serviette, sur laquelle on avait posé un crucifix en bois et
un bénitier. Madame Nayl était morte dans la
matinée. La raison lui était revenue au moment de sa mort, et elle avait connu de nouveau toute l'horreur de sa situation. Le
corps était gardé par quelques voisines et
par l'abbé Le Ber, qu'on était toujours sûr de
rencontrer partout où il y avait des pauvres
et des malheureux. Je cherchai des yeux
M. Nayl et sa fille, et je fus surpris de ne pas
les voir, car je savais que l'habitude des
Bretons est de ne pas quitter leurs morts.
« Ils sont à la prison avec Moisan, » me dit

l'abbé Le Ber. (M. Moisan était l'aumônier
des prisons, qui avait la triste et sublime
charge de conduire les condamnés au supplice. Il était doublement malheureux ce
jour-là, car il partageait nos sentiments et
notre conviction, et pour la première fois de
sa vie, il préparait des condamnés au supplice, sans pouvoir les aimer.) « C'est la
morte, me dit M. Le Ber, qui a voulu qu'ils
fissent en son nom une nouvelle tentative
auprès des condamnés. — Dites-leur que
j'entendrai leurs paroles quand je serai avec
Dieu. — Ce sont les derniers mots qu'elle
ait prononcés. Nayl s'est levé, il lui a fermé
les yeux, l'a embrassée sur la bouche, et
ils sont partis... » Je m'agenouillai avec les
autres pour prier. Une heure environ s'écoula.
On entrait et on sortait, selon l'usage, pour

jeter de l'eau bénite sur le corps. Enfin, nous
entendîmes un grand bruit et des sanglots.
C'était Marion qu'on apportait, l'œil hagard,
l'écume à la bouche, en proie à une violente
attaque de nerfs qui ressemblait à l'épi-
lepsie. La mort de sa belle-mère, la vue des
condamnés, la pensée de leur supplice si
prochain, avaient été trop forts pour elle;
cette nature si forte et si calme avait cédé à
la fin.

Quand elle était entrée dans le cachot fu-
nèbre, quand elle avait entendu les condamnés répéter leurs meurtrières dénégations,
quand elle avait vu Nayl découvrir ses cheveux blancs et se traîner à leurs pieds en
poussant des sanglots déchirants, elle avait
perdu tout empire sur elle-même, et à un
moment on avait craint de la perdre. On

plaça le cadavre sur des tréteaux, afin d'éten-
dre Marion sur le seul lit qu'il y eût dans
cette pauvre demeure. Je souhaitai ardem-
ment que le délire se prolongeât pendant
vingt-quatre heures. Le pauvre Nayl serrait
dans ses mains tremblantes les mains de sa
fille bien-aimée, puis il la quittait pour aller
embrasser en pleurant sa vieille compagne.
Je sentis cette nuit-là plus de tristesse peut-
être, et à coup sûr plus d'accablement, que
je n'en avais éprouvé après la condamnation
de mes trois amis. On s'était procuré pour
tout luminaire une torche de résine. De
pieuses femmes se relayaient pour prier.
Pour nous, nous demeurâmes en silence
toute la nuit; je voyais de grosses larmes
couler le long des joues du vieillard, et je
ne cherchais pas à retenir les miennes. Ma-

rion s'endormit un peu avant le jour. J'écou-
tais attentivement le son des cloches, car je
savais que le supplice avait lieu de très-
bonne heure et qu'on sonnerait l'agonie à
toutes les églises. Nayl fit le signe de la croix
quand il entendit le premier son lugubre.
Marion se dressa sur son lit les yeux ou-
verts : elle écouta le son des cloches, regarda
le corps de sa mère, et je vis qu'elle avait
toute sa raison. Comme elle était toute vê-
tue, elle descendit du lit, embrassa d'abord
son père, et se jeta ensuite à mon cou tout
en larmes. C'était la première fois qu'elle me
donnait une telle preuve d'affection. Elle
avait bien raison de me traiter en frère, car
- j'en étais un pour elle, et je le suis encore
après tant d'années. Ce premier moment
passé, elle s'essuya les yeux et se mit à ran-

ger toutes choses avec son calme. accou
tumé. On vint faire la levée du corps ; j'avais
demandé que cette triste cérémonie se fît
de bonne heure. Il n'y eut que nous trois
derrière la bière, et comme nous descen-
dions vers Saint-Paterne, nous eûmes à fen-
dre la foule qui remontait vers le champ de
foire, où l'échafaud était dressé.

XI

Deux jours après, je réfléchissais triste-
ment, dans ma mansarde de la rue des Chanoines, à la position de tous mes amis, et
je songeais au moyen de vaincre la déli-
catesse de Marion pour lui faire accepter l'argent qui lui était nécessaire pour aller à Caen
et y conduire son beau-père, lorsqu'à ma
grande surprise je la vis entrer chez moi.

« Bonjour, mon Jules, me dit-elle de son

ton doux et calme. Je viens vous faire mes adieux et vous demander un service.

— Parlez, Marion, lui dis-je ; vous savez que je ferai tout ce que vous voudrez.

— Vous n'êtes pas riche, me dit-elle, et nous... (elle hésita et rougit un peu) nous ne sommes plus que des mendiants à présent. Vous avez été hier payer notre loyer et notre boulanger ; vous vous serez peut-être endetté pour nous ; mais les bons cœurs ne regardent à rien quand il s'agit des autres. A présent, il faut que je parte de mon côté, et mon père doit aller à Caen. Pour moi (elle rougit encore), je n'ai besoin de rien ; mais il faut de l'argent pour mon père. On a bon courage à demander, monsieur Jules, ajouta-t-elle, quand ce n'est pas pour soi qu'on demande. Je suis venue vous prier de faire la quête pour nous ; voyez si cela ne vous répugne pas. Vous direz bien que c'est une aumône que je demande ; car je n'espère plus de pouvoir rendre à nos bienfaiteurs l'argent qu'ils nous donneront. »

Sa voix était posée ; mais moi qui la connaissais et qui savais ce qu'elle souffrait intérieurement, je n'en admirais que plus la droiture et la fermeté de son âme.

« Où allez-vous donc, Marion ? lui dis-je, et pourquoi quittez-vous votre père ?

— La mère de Le Pridoux est vivante, me dit-elle. Elle pourrait parler si elle voulait. J'irai lui demander à genoux la vie de mon mari. Après cela, si j'échoue encore... que Dieu ait pitié de nous ! »

Je lui demandai où demeurait la mère de Le Pridoux.

« A Elven, me dit-elle. Il n'y a que cinq lieues, et par un bon chemin; toute grande route.

— Je vais d'abord faire ce que vous me demandez, lui dis-je, et ensuite je pars avec vous.

— Non, monsieur Jules. Je pars à présent sans perdre une minute; et j'ai compté sur vous pour veiller sur le père et le mettre en voiture; car il faut le conduire comme un enfant à cette heure. — Elle me tendit la main. — Adieu, me dit-elle; si je réussis, je vous reverrai. »

Je la laissai partir, et je courus chez M. Jourdan, ma providence ordinaire. Le vieil avocat était plus riche de bonnes œuvres que d'écus; pourtant il avait un cheval dans son écurie, parce qu'il était

obligé à de fréquentes courses pour son état.
Il le sella lui-même, et fit mettre un bissac
sur le troussequin de la selle, pour qu'une
femme pût s'y asseoir; puis il appela un petit
garçon d'une douzaine d'années, qui lui servait de domestique, et le chargea de courir
après Marion sur la route d'Elven, et de la
prendre en croupe pour la conduire et la ramener. Il lui mit quelques gros sous dans la
poche et lui donna des provisions dans un
panier.

« A vous maintenant, me dit-il, quand
nous l'eûmes vu partir. Voilà un écu de six
francs pour votre voyageur. J'espère vous
ramasser une quinzaine de francs au tribunal. Adieu et bonne chance! »

Je m'en fus tout droit au collége, où l'on ne
me voyait plus guère; et je me plaçai contre

10.

la porte, pendant que mes camarades en-
traient, tenant mon chapeau à la main. Je
me sentais fier de cette humiliante corvée
en pensant à la noble femme pour qui je la
remplissais. Toutes les marchandes de billes
et de gâteaux eurent tort ce jour-là, et je suis
sûr que plus d'un écolier aima mieux se
coucher sans souper que de passer près de
moi sans vider ses poches. Nayl put partir
le lendemain dans la rotonde avec une centaine de francs dans sa bourse et trois lettres
de recommandation que M. Jourdan lui avait
procurées.

XII

Notre petit homme n'atteignit Marion qu'à trois lieues de Vannes, parce qu'elle avait beaucoup d'avance sur lui. Elle marchait péniblement, épuisée par la faim et le chagrin, mais soutenue par une volonté ferme. Il sauta à bas de son cheval, et lui dit qu'il venait de la part de M. Jourdan pour la conduire.

« Dites plutôt que c'est le bon Dieu qui

vous envoie, mon enfant, répondit-elle ; car
j'avais peur de rester dans le fossé. »

Grâce à ce secours, elle arriva sur les
quatre heures du soir à Elven. Elle alla tout
droit à l'église, et pria devant l'autel de la
Vierge. Puis elle s'avança vers le sacristain,
qui allumait les cierges pour le salut, et lui
demanda la maison de Le Pridoux.

« C'est la dernière maison du côté de
Jocelyn, ma fille, lui dit-il ; mais si vous
venez de Vannes, vous savez qu'on y est dans
la douleur. »

Elle suivit la rue jusqu'au bout, sentant
son cœur prêt à l'abandonner. La maison
qu'elle cherchait était un peu en arrière des
autres, avec une petite cour en désordre, sur
laquelle elle prenait jour par une lucarne.
Quand elle poussa la porte pour entrer, elle

ne distingua rien dans l'intérieur ; mais enfin, ses yeux se faisant à l'obscurité, elle
aperçut une vieille femme assise sur la pierre
du foyer. Sa quenouille était par terre à
côté d'elle, et elle tenait un chapelet qu'elle
oubliait d'égrener.

« Que le bon Dieu vous donne des forces, »
dit Marion en entrant ; mais la veuve ne
l'entendit pas. Elle s'approcha jusqu'à la
toucher et lui dit : « Je viens vous voir dans
votre affliction avec un cœur aussi affligé que
le vôtre. » La veuve l'aperçut alors et la regarda un instant. Puis elle détourna la tête
avec un geste de la main pour la repousser.
« Non, je ne puis m'en aller, dit Marion, et
pardonnez-moi de venir vous troubler dans
votre douleur : mais c'est plus que ma vie
que je vous demande. »

En disant cela, elle tomba sur ses genoux
et tendit les mains vers la mère désolée.
Mais celle-ci la repoussa de nouveau, car
dans son désespoir elle ne pensait pas qu'on
pût, sans dérision, parler de douleur devant elle. Elle essaya de parler, et sa voix
s'arrêtait dans sa gorge. Enfin elle put dire :

« Mon fils est mort!... » Et en même temps
elle montrait la porte de sa chaumière.

« Mais moi, dit Marion toujours age-
nouillée, je suis la femme de Jean-Louis
Nayl !

— Ah! pauvre femme! dit la veuve, et
vous pleurez votre mari comme moi mon
enfant!

— Hélas! dit Marion, il n'est pas mort,
et vous pouvez le sauver si vous voulez. Un
mot de vous, un mot de vérité, peut nous

rendre à tous la vie ! Je vous le demande
au nom de la Vierge Marie, au nom du salut
de votre enfant ! » Et elle versait tant de
larmes que les mains de la veuve étaient
toutes mouillées. « Ne me refusez pas, disait Marion, si vous avez le cœur d'une
femme ! Je prierai pour vous et pour votre
fils tous les jours de ma vie ! Jugez de nos
douleurs par les douleurs que vous souffrez !
Miséricorde ! miséricorde ! au nom de la
Vierge ! au nom de Jésus-Christ ! »

La pauvre mère resta longtemps dans son
morne désespoir ; mais enfin son cœur se
fondit et sa figure fut inondée de larmes.
Les sanglots vinrent ensuite et les spasmes.
Marion la prit dans ses bras, baisa ses
mains et ses joues, mit sa tête sur son sein
et mêla ses larmes avec les siennes. Quand

la nuit fut tombée, elles étaient toujours sur cette pierre froide, enlacées dans les bras l'une de l'autre, et la mère parlait de son fils; elle racontait toute son enfance et toute sa jeunesse; les jours où elle avait cru le perdre, où elle l'avait disputé à la maladie; la tendresse qu'il avait pour elle, au milieu de sa vie de désordre; elle excusa comme elle put ses crimes, car elle avait du fanatisme dans l'âme, et elle avait sucé le, lait sanglant de la guerre civile; mais les sentiments de femme et de mère reprenaient le dessus, et alors elle s'apitoyait sur le sort de la malheureuse qu'elle tenait embrassée. Elle savait tous les détails de l'assassinat de Brossard, et elle connaissait deux femmes dans Elven qui pouvaient témoigner comme elle de l'innocence des frères Nayl. Les ré-

fractaires les avaient emmenés de peur que
l'exemple de Jean-Pierre, s'il rejoignait les
drapeaux, ne devînt contagieux. Ils les
avaient tenus parmi eux comme prisonniers,
et les avaient fait assister de force à l'assassinat de Brossard pour les compromettre.
Marion, dans cette triste demeure, se repro-
chait les élans passionnés de son cœur, qui
bondissait d'allégresse.

Elle fut, dès qu'il fit jour, au presbytère
implorer l'assistance du curé, et visita avec
lui les deux femmes que la veuve lui avait
désignées. Nous la vîmes revenir le dimanche.
On sortait justement de vêpres quand elle
passa devant chez moi, car elle voulait me
dire la bonne nouvelle avant même d'aller
chez M. Jourdan. Le brave avocat faillit être
suffoqué. Il embrassa Marion sur les deux

joues, et nous traîna chez le procureur du
roi. M. Hervo fut tellement saisi, qu'un instant nous craignîmes un malheur; mais il
se remit promptement, et s'écria qu'il allait
partir pour Elven, avec M. Jourdan et moi,
pour recevoir juridiquement la déposition
des trois femmes. Il exigea que Marion de-
meurât chez lui, et la confia aux soins de Madame Hervo, qui l'accueillit comme une mère.
Quand nous eûmes les dépositions en règle,
il vint avec nous à Bignan, pour faire des-
siner de nouveau l'état des lieux, et à Saint-
Allouestre, où, d'après ces nouveaux indices,
il put aussi recueillir des documents impor-
tants. Nous n'avions qu'à le laisser faire, il
était aussi ardent que nous; ni peines ni
fatigues ne lui coûtaient. Il déclara, en ren-
trant à Vannes, qu'il voulait aller à Caen de

sa personne. Sa femme nous dit qu'il n'avait
pas vécu depuis que le doute s'était fait jour
dans son esprit. Pendant toute l'audience,
qui fut courte, on le vit, en habit bourgeois,
derrière l'avocat général qui portait la parole
devant le jury du Calvados. Quand ce magistrat se leva pour déclarer qu'il renonçait
à l'accusation, il y avait sur la figure de
M. Hervo plus d'émotion que sur celle des
trois frères, que ce moment allait rendre à
la liberté et à la vie. Marion s'appuyait sur
mon bras, car elle ne pouvait plus se soutenir. Ses forces l'abandonnaient à ce dernier moment, où elle n'avait plus qu'à
recueillir le fruit de son courage. Jean-Louis
avait les yeux fixés sur elle, et il la regardait comme on regarderait un ange. Les
jurés ne délibérèrent même pas. Au bout de

cinq minutes, leur verdict était rendu, et les accusés ramenés à l'audience. Après avoir prononcé leur mise en liberté, le président, d'une voix émue, leur adressa ces paroles, au milieu du plus religieux silence :

« Yvonic, Jean-Pierre et Jean-Louis Nayl, une fatalité déplorable a fait peser sur vous la responsabilité d'un crime que vous aviez tout fait pour empêcher. L'épreuve que vous avez subie est terrible; vous en sortez non-seulement innocents, mais dignes de toutes les sympathies et de tous les respects. Que les ardentes sollicitudes qui vous ont accompagnés jusqu'ici adoucissent l'amertume de vos souvenirs. En vous rendant à la liberté, la Cour est heureuse de s'associer à votre joie et à celle de la plus digne, de la plus courageuse, de la plus noble femme... »

Le président pleurait en prononçant ces dernières paroles, et presque tous ceux qui étaient là avaient aussi envie de pleurer. A ce moment, et comme l'audience allait être terminée, M. Hervo se leva du siége qu'il occupait ; il traversa toute la salle dans sa longueur, et vint aux accusés en leur tendant les bras. Un cri s'échappa de toutes les poitrines quand on vit les trois frères l'entourer et l'embrasser. Lorsque nous nous retrouvâmes le soir dans la petite maison où nous étions descendus, sur la route de Falaise, je ne crois pas qu'il y eût dans le monde entier un spectacle plus digne d'attirer les regards de Dieu.

Yvonic est aujourd'hui vicaire à Guéhenno.

La discrétion m'interdit de dire le rôle

important qu'a joué l'un de ses frères en 1848. Quant à Marion, elle est aussi douce et aussi modeste que si elle n'avait jamais eu d'autre mérite que de bien élever ses enfants et d'aimer tendrement son mari.

Imprimerie L. Toinon et Cᵉ, à Saint-Germain.

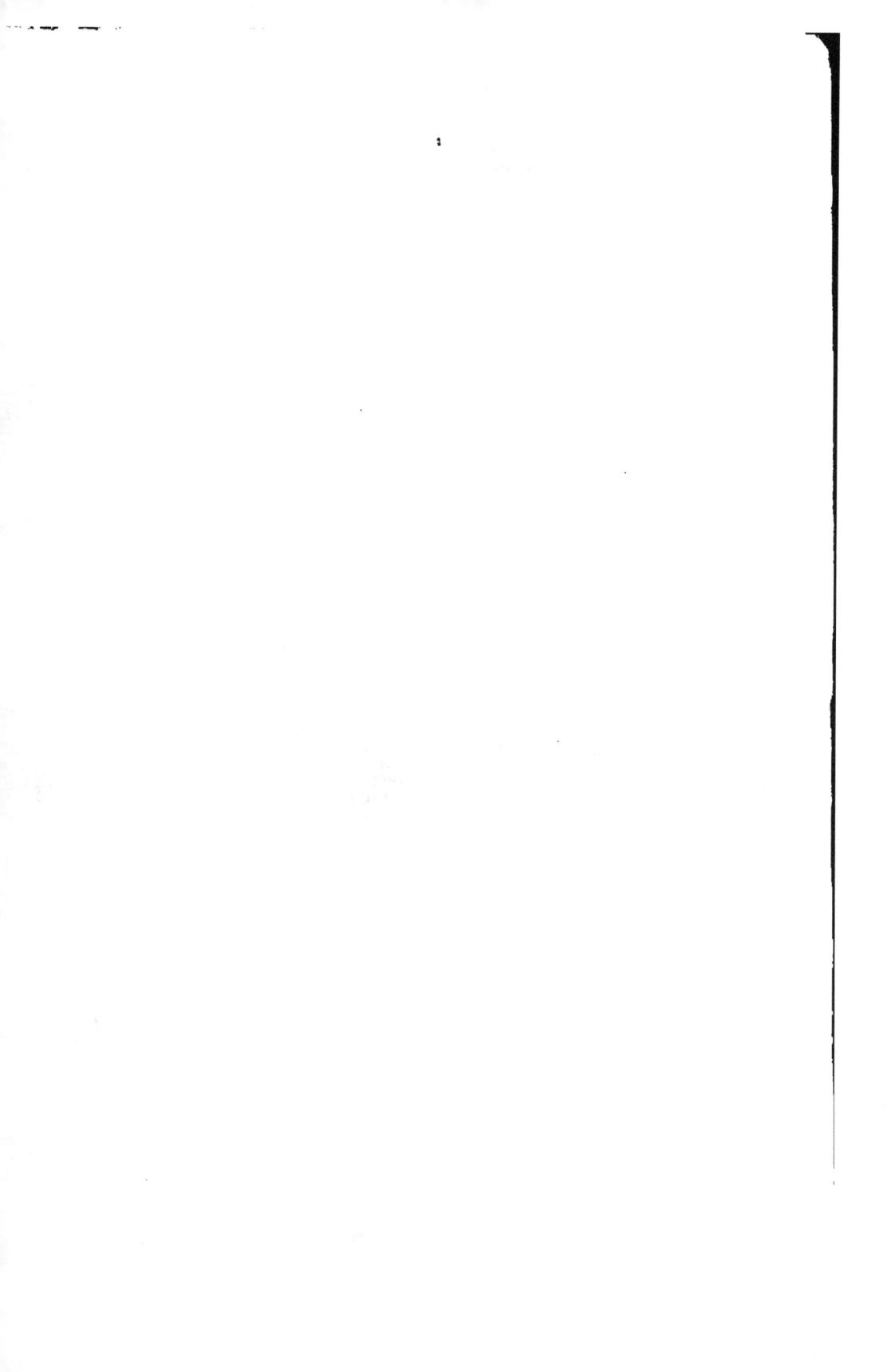

vol. | | vol.

ALARCON (*Tr. de l'espagnol*)
Le Finale de Norma............. 1

ANDERSEN
Nouveaux contes suédois......... 1

ASSOLLANT
Aventures de Karl Brunner....... 1
Une ville de garnison........... 1

AUDEBRAND
Schinderhannes................. 1

MARC BAYEUX
La Sœur aînée.................. 1

DE BELLOY
Les Toqués.................... 1

A. DE BERNARD
Les Frais de la guerre.......... 1

BERTRAND
Les Mémoires d'un Mormon....... 1

LUCIEN BIART
La Terre chaude............... 1

ÉMILE BOSQUET
Louise Meunier................ 1

DE BRÉHAT
Les Jeunes Amours............. 1
Histoires d'Amour............. 1
Les Petits Romans............ 1
Un Drame à Calcutta........... 1
Les Chemins de la Vie......... 1

A. CASTELNAU
Zanzara, la Renaissance en Italie.. 2

CHAMPFLEURY
Le Violon de faïence.......... 1

CARLETON ET DE WAILLY
Romans irlandais. Scènes de la vie
champêtre................... 1

DE CHERVILLE
Aventures d'un Chien de chasse... 1

COLOMBEY
Histoire anecdotique du Duel...... 1
L'Esprit des Voleurs........... 1
Les Originaux de la dernière heure. 1

LA COMTESSE DASH
Mémoires des autres........... 1

PAUL DELTUF
Mademoiselle Fruchet.......... 1
Adrienne.................... 1
Les Femmes sensibles.......... 1
Jacqueline Voisin............ 1
Comtesse de Silva............ 1

ALPHONSE DÉQUET
Clarisse.................... 1

CH. DICKENS (*Tr. de B. Derosne*)
Nouveaux contes de Noël........ 1

CHARLES DUCOM
Nouvelles gasconnes........... 1

DURANTY
La Cause du beau Guillaume...... 1

ECKERMANN ET CHARLES
Entretiens de Gœthe........... 1

ERCKMANN-CHATRIAN
Les Contes de la Montagne... 1
Maître Daniel Rock........... 1
Contes des bords du Rhin........ 1
Les Confidences d'un Joueur de cla-
rinette...................
Madame Thérèse...........
L'Illustre docteur Mathéus...
Histoire d'un conscrit de 1813...

E. FORGUES
Une Parque. — Ma vie de ga
Elsie Venner...............
Gens de Bohème.............

G. FOULD
Enfer des Femmes............

ARNOULD FRÉMY
Journal d'une Jeune Fille pauvre
Les Amants d'aujourd'hui.......
Les Femmes mariées..........
Josephin le Bossu........... 1

Mme GARCIN, NÉE VAUTHIER
Charlotte.................... 1
Léonie..................... 1

B. GASTINEAU
Amours de Mirabeau........... 1
Les Femmes et les mœurs de l'Al-
gérie..................... 1

Mme DE GIRARDIN
L'Esprit de Mme de Girardin..... 1

LÉON GOZLAN
La Folle du n° 16............. 1
Le Vampire du Val-de-Grâce...... 1
Les Emotions de Polydore Marasquin 1

COMTE DE GRAMMONT
Les Gentilshommes riches........ 1
Les Gentilshommes pauvres....... 1

IMMERMANN ET NEFFTZER
La blonde Lisbeth............. 1

J. JANIN
Contes non estampillés.......... 1

CH. JOBEY
L'Amour d'une Blanche......... 1

CH. KINGSLEY (*Tr. B. Derosne*)
Alton Locke................. 2
Vive l'Occident.............. 2

OCTAVE LACROIX
Padre Antonio............... 1

AMÉDÉE LANCRET
Les Fausses Passions.......... 1

TH. LAVALLÉE
Jean-sans-Peur............... 1

CH. LEVER (*Tr. de B. Derosne*)
Histoire d'une Famille Irlandaise.. 2

MANÉ, THÉCEL, PHARÈS
Histoires d'il y a 20 ans......... 1

MARC MONNIER
Garibaldi. — Conquête des Deux-
Siciles.................... 1

HENRI MARET
Tour du Monde parisien........ 1
La Marjolaine............... 1

JK. MARVEL
Rêveries d'un Célibataire........ 1

MAYNE REID (LE CAPITAINE)
(*Tr. de Mme Allouard*)
Les nègres marrons........... 2

WHYTE MELVILLE (*Tr. B. Derosne*)
L'Interprète................. 2
Propre à rien............... 2

BIAGIO MIRAGLIA
Cinq Nouvelles calabraises........ 1

HENRI MONNIER
La Religion des Imbéciles....... 1

EUG. MULLER
La Mionette (3e édition)........ 1
Madame Claude............. 1
Contes rustiques............ 1

ADRIEN PAUL
Les Duels de Valentin.......... 4
Blanche Mortimer............

PAU
Mademo

MAX RADIGUET
Les Derniers Sauvages.......... 1

CHARLES READE
Fatal argent!................ 2

ADRIEN ROBERT
La Princesse Sophie............ 1
Nouveau Roman comique......... 1

ROBERT HOUDIN
Les Tricheries des Grecs......... 1

RUFINI
Découverte de Paris........... 1

G. SALA (*Tr. de B. Derosne*)
La Dame du premier........... 2

G. SAND
Flavie (3e édition.)........... 1
Souvenirs et impressions littéraires. 1
Autour de la table........... 1
Les Amours de l'âge d'or....... 1
Les Dames vertes............ 1
Théâtre complet............. 3
Promenades autour d'un Village... 1
Les Beaux Messieurs de Bois-Doré. 1

AURÉLIEN SCHOLL
Histoire d'un premier Amour...
Aventures romanesques.........
Les Amours de Théâtre......... 1

EDMOND TEXIER
Choses du Temps présent....... 1

THACKERAY (*Tr. de B. Derosne*)
Les Aventures de Philippe........ 2
Les Newcomes............... 4
Les Virginiens.............. 4

THIERS
Histoire de Law............. 1

TOURGUÉNEF
Dimitri Roudine............. 1
Une Nichée de Gentilshommes..... 1
Dernières Nouvelles.......... 1

TROIS BUVEURS D'EAU
Histoire de Murger............

L. ULBACH
Monsieur et Madame Fernel...... 1
Le Mari d'Antoinette.......... 1
Histoire d'une Mère et de ses Enfants. 1
Françoise................... 1
Pauline Foucault............ 1
Suzanne Duchemin........... 1
L'Homme aux cinq louis d'or.... 1
Les Roués sans le savoir....... 1
Voyage autour de mon Clocher... 1
Le prince Bonifacio........... 1
Mémoires d'un inconnu........ 1
Louise Tardy................ 1

CLAUDE VIGNON
Jeanne de Mauguet........... 1
Un Drame en province......... 1
Les Complices.............. 1
Les Récits de la Vie réelle...... 1
Victoire Normand............

AUGUSTE VILLEMOT
à Paris.................... 2

ALEXANDRE WEILL
allemand..................

COLLINS (*Tr. Forgues*)
e en blanc (4e édition)... 2
(2e édition)..........
de Romans...........

(*Tr. de North Peath*)

ez (*Tr. de l'espagnol*)
nuit.................... 1

ZSCHOKKE
Contes inédits.............. 1

ÉMILE ZOLA
Contes à Ninon.............. 1
La Confession de Claude....... 4

Simon, Jules
La Peine de mort

les Indes et
.... 1
...-le-Négrier, souvenir de
l'Océan Indien............... 1

IMPRIMERIE L. TOINON ET Cie, A SAINT-GERMAIN.

www.ingramcontent.com/pod-product-compliance
Lightning Source LLC
Chambersburg PA
CBHW060600210326
41519CB00014B/3530